geni@l

A German Course for Young People

Workbook A1

By
Susy Keller
Maruska Mariotta
Theo Scherling

In cooperation with
Hermann Funk
Michael Koenig
Ute Koithan

English language edition by
Joseph Castine

Langenscheidt

Berlin · Munich · Zurich · New York

By Joseph Castine (English language edition), Susy Keller, Maruska Mariotta and Theo Scherling

In cooperation with
Hermann Funk, Michael Koenig, Ute Koithan

Editor: Lutz Rohrmann
Layout: Andrea Pfeifer and Theo Scherling
Illustrations: Theo Scherling and Stephen Bennett (Die Clique)
Cover Design: Andrea Pfeifer using a photo from White Star, Hamburg

Authors and publisher would like to thank all of our colleagues who tested, reviewed, critiqued, and offered invaluable suggestions in the development of geni@l .

geni@l

A German Course for Young People

A1 Materials

Textbook A1	3-468-96709-8	Glossary German-French	3-468-47561-6
CD (Textbook A1)	3-468-47554-3	Glossary German-Italian	3-468-47562-4
Cassette (Textbook A1)	3-468-47553-5	Glossary German-Spanish	3-468-47563-2
Workbook A1	3-468-96710-1	Test Book	3-468-47558-6
CD (Workbook A1)	3-468-47556-X	Video, VC Pal	3-468-47567-5
Cassette (Workbook A1)	3-468-47555-1	Video, VC NTSC	3-468-47568-3
Teacher's Handbook A1	3-468-47552-7	CD-ROM A1	3-468-47557-8
Glossary German-English	3-468-47560-8		

Symboles used in geni@l A1:

Listening text on CD or cassette.

Write this in your notebook.

This assignment primarily concerns itself with language form.

The teacher handbook contains Internet Projects for this topic.

2 The following exercises can be done after Exercise 2 in the Textbook.

Please visit our homepage at **www.langenscheidt.com/geni@l**

Environmental note: printed on non-chlorine bleached paper

© 2003 Langenscheidt KG, Berlin and Munich
All rights reserved. No part of this book may be reproduced in any form without the written permission of the publisher.

Printed by: Druckhaus Langenscheidt, Berlin
Printed in Germany · ISBN 3-468-96710-1

TABLE OF CONTENTS

Unit	1	4
Unit	2	10
Unit	3	16
Unit	4	22
Unit	5	28
Test Training 1–5		**32**
Unit	6	34
Unit	7	40
Unit	8	46
Unit	9	52
Unit	10	58
Test Training 6–10		**62**
Unit	11	64
Unit	12	70
Unit	13	76
Unit	14	82
Unit	15	88
Test Training 11–15		**92**

Das kann ich schon / Test Training answers 94

Das kann ich schon / My "Test Training" Results 96

Sources 96

Deutsch ist super

Klasse 7a, Scuola Media, Minusio

Marco Zappa

1 Deutsch ist super und nicht schwer,
2 hört mal zu, bitte sehr.

3 Gitarre, Trompete, Saxophon,
4 Computer, Radio und Telefon.

5 Tennis, Windsurfen, Basketball,
6 Trapez, Zylinder und Oval.

7 Salat, Hamburger, Makkaroni,
8 Elefant, Giraffe und Pony.

9 Präposition, Verb, Adjektiv,
10 Pistole, Killer und Detektiv.

11 Alles normal,
12 Deutsch ist super, international.

2

1 Was or wer? Fill in the blanks.

1. W____ ist das? Das ist ein VW.
2. W____ ist das? Das ist eine Windkraftanlage.
3. W____ ist das? Das ist ein Computer.
4. W____ ist das? Das ist Cora.
5. W____ ist das? Das ist ein Basketball.
6. W____ ____ ____? Das ist Mozart.

2 Questions and answers – Ja, das ist … / Nein, das ist …

1. Ist das Deutschland?   Ja, das ist _Deutschland_____ .
2. Ist das die Schweiz?   Nein, das ist _____ .
3. Ist das Italien?   Nein, _____ .
4. Ist das das Matterhorn?   Ja, _____ .

3 The picture is from …

Nr. 4 ist aus _____   Nr. 5 ist aus _____   Nr. 6 _____

fünf 5

7

4 A dialog – Listen and fill in the blanks.

Ich heiße Biene.   ● Hallo _____

Und wer ist das?   Wie bitte?   ○ _____

Hallo, ich heiße Marco, und du?   ● _____

Ja, sie heißt Turbo.   ○ _____

Das ist Turbo.   ● _____

                                        ○ _____

5 Three dialogs – First fill in the blanks. Listen to check answers.

Dialog 1

● W_ie___ heißt du?
○ W_____, ich?
● Ja, _____!
○ _____ heiße Cora, und _____?
● Boris.
○ Und w_____ ist das?
● _____ ist Biene.
○ W_____ bitte?
● Ja, _____ heißt Biene.

Dialog 2

gut – Danke – Wiedersehen – wie – Tag – Hallo

● _____, Sophie.
○ Guten _____, Frau Maier, _____ geht's?
● _____, gut, und dir?
○ Danke, auch _____.
 Auf _____, Frau Maier.
● Tschüs, Sophie.

Dialog 3

- Hallo, ich _____ Marco, und

  w_____ _____ du?

- Andreas.

- Und wer _____ das?

- Das _____ Herr Killer.

- Wie bitte?

- Ja, er _____ Killer, Tobias Killer.

12

6 What fits where?

Hallo – Tschüs – Auf Wiedersehen – Guten Tag – Guten Morgen – Gute Nacht – Bis bald

Begrüßen

Hallo_____

_____

_____

_____

Verabschieden

_____

_____

_____

_____

7 Listen to the letters and write the names.

1. _____ 2. _____ 3. _____ 4. _____

8 Read the song lyrics on p. 4. Write down the line number that goes with each word.

Geometrie Krimi Grammatik Zoo Musik Sport Restaurant Technik

6 ____ ____ ____ ____ ____ ____ ____

sieben 7

9 Ein Kreuzworträtsel: Deutsch international – Fill in the blanks.

Bus – Post – Taxi – Sport – Toilette – Musik – Auto – Telefon – Tennis – Information

10 Texts and photos
a What goes together?
b Highlight the international words.

a Text Nr. _____   b Text Nr. _____   c Text Nr. _____

1 Elefantenbaby im Zoo Zürich

Der Zürcher Zoo hat einen neuen Star: ein asiatisches Elefantenbaby! Es ist am Samstag, um 5.34 Uhr auf die Welt gekommen und wiegt 140 Kilogramm. Das Elefantenbaby hat im Zoo Zürich eine große Familie: die 25-jährige Mama Ceyla-Himali, Vater Maxi und die Tanten Druk und Chukha. Wie heißt der Kleine? Das darf das Publikum entscheiden. Wer hat eine Idee für einen sympathischen Namen?

2 Legoland-Zug

Ein Zug aus Lego! Der größte Legozug der Welt steht in London und ist ein originalgetreues Modell des Pendolino-Zuges. Der Legozug ist 6 Meter lang und enthält 1,5 Millionen Legosteine. 15 Modellbauer haben zirka 10 Wochen an der Konstruktion des Zuges gearbeitet. Was sonst noch speziell ist? Die Sitze vibrieren und im Zug gibt es Videoscreens für die Passagiere!

3 Internationale Fahrrad- und Motorrad-Expo

250 Firmen präsentieren in Graz auf der internationalen Expo Motorräder, Roller, Mofas, Bikes, Accessoires und Bekleidung: über 1000 renommierte Marken und Modelle. Und als Premiere „Bike-Indoor", eine extra Halle für Velofreaks, mit Testparcours, Rekordversuchen, Autogrammstunden und einer großen Biker-Party.

4 Jugend-Solar-Börse

„Let's go solar!" Mit diesem Slogan sucht Greenpeace auch dieses Jahr Jugendliche für Solarprojekte. Interessierte Schulklassen oder Jugendgruppen können während zwei Tagen eine Solaranlage installieren oder während einer Projektwoche einen Sonnenkollektor konstruieren.
Infos über www.greenpeace.ch

DAS KANN ICH SCHON

1 I can ask questions with *wer/was/wie*.   ☺ ☐ ☹

1. ● _____ heißt du?   ○ Erika.
2. ● _____ ist das?   ○ Ein Auto.
3. ● _____ ist das?   ○ Rudolf.

2 I can complete dialogs.   ☺ ☐ ☹

Hallo – Danke – Wiedersehen – Tag – Tschüs – wie – gut

● _____, Erika!   ○ Guten _____, Frau Raab, _____ geht's?
● _____, gut, und dir?   ○ Danke, auch _____.
● Auf _____, Frau Raab!   ○ _____, Erika.

I compared my answers with those on p. 94 and wrote my results on p. 96.
My results: ☺ ☐ ☹

DAS FINDE ICH IN EINHEIT 1

1 Asking questions and giving answers

W-Frage

Position 1	Position 2	
Wer	(ist)	das?
Was	(ist)	das?
Wie	(heißt)	du?

Antwort (Aussagesatz)

Position 1	Position 2	
Das	ist	Cora.
Das	ist	ein VW.
Ich	heiße	Peter.

Ja/Nein-Frage

Position 1	Position 2	
(Magst)	du	Sport?
(Ist)	das	Turbo?

Antwort (Aussagesatz)

	Position 1	Position 2	
Nein,	ich	mag	Musik.
Ja,	das	ist	Turbo.

2 Capitalization of nouns and names

Nomen und Namen schreibt man groß: **S**port, **A**bend, **M**usik, **F**oto – **T**urbo, **B**iene, **M**üller

3 Saying hello and goodbye

Hallo.   Tschüs. / Tschau. / Bis bald.
Guten Morgen/Tag/Abend.   Auf Wiedersehen.
                                 Gute Nacht.

neun 9

Das Sprachgenie

Panel 1: Ich kann Englisch, Französisch, Italienisch, Portugiesisch, Spanisch,... ??

Panel 2: ...Norwegisch, Finnisch, Türkisch, und sogar Arabisch und Japanisch! PFF!

Panel 3: Dann hör doch mal zu: Restaurant, Sauna, Computer,... Safari, Pizza,

Panel 4: ...Ananas, Joghurt, Karaoke, Slalom, Macho,... Das kann ich auch, das ist doch Deutsch!

Panel 5: Aber auch Englisch, Französisch, Italienisch, Spanisch, Portugiesisch, Norwegisch, Finnisch, Türkisch, Arabisch, und Japanisch, du Idiot!

Alle Comics von: Marwan, Fiona, Leandro, Valentina und Manuel

8

1
***Wer wohnt wo? Wer kommt woher?* Read the text and fill in the blanks. One of Jan's hobbies is missing.**

Ich heiße Jan. Ich wohne mit meiner Mutter Alexandra in Gudo, in der Schweiz. Mein Vater Fredj wohnt in Locarno. Meine Mutter kommt aus Kiel, in Norddeutschland, Fredj aus Basel. Ich kann Deutsch und Italienisch. Ich habe viele Hobbys: Ich schwimme, surfe und fische. Außerdem koche ich gern: Meine Spezialität ist Pizza. Ich mag auch Tiere. Ich habe einen Hund. Er heißt Bilbo und ist schon 14 Jahre alt, ein Jahr älter als ich.

	wohnt in …	kommt aus …	Das Hobby steht nicht im Text:
Jan		Gudo	
Alexandra			
Fredj			

2
***Verbformen* – highlight the verbs in exercise 1. Use them to fill in the table.**

Infinitiv	ich	er/es/sie	deine Sprache
1. heißen	heiße		
2. wohnen			
3. kommen			
4. können			
5. haben			
6. kochen			
7. sein			
8. mögen			

13

3 *Der Comic auf Seite 10 ist von Marwan, Fiona, Leandro, Valentina und Manuel.*
Marwan, Fiona and Manuel – Read the information. Fill in the columns.

Marwan ist Schweizer. Sein Name kommt aber aus dem Libanon. Er mag Tiere. Sein Hund heißt Daisy und seine Katzen Tofi und Tara. Er spricht ein wenig Deutsch, aber er kann sehr gut Italienisch.

Fiona kann sehr gut Spanisch und Deutsch. Sie ist 13 Jahre alt und kommt aus Argentinien, aus Buenos Aires. Sie wohnt aber nicht in Südamerika. Sie liebt Tiere, wie Marwan, und hat eine Katze. Sie heißt Schogun.

Er kommt aus der Dominikanischen Republik. Das ist eine Insel in der Karibik. Er kann Spanisch, wie Fiona. Manuel mag Rap-Musik und er ist ein großer Fan von Inter Mailand.

Er/Sie heißt	kommt aus	mag/liebt	kann
Marwan			
Fiona			
Manuel			
Valentina			
Leandro			*Schlagzeug spielen*

4 **Valentina and Leandro – Listen and fill in the table above.**

5 **Several international words are used in the comic on page 10.** *Woher kommen sie? Ergänze* (fill in) *die Tabelle.*

Japanisch	K a r a o k e	Norwegisch	_ _ _ _ _ _
Französisch	_ _ _ _ _ _ _ _ _ _	Finnisch	_ _ _ _ _
Italienisch	_ _ _ _ _	Türkisch	_ _ _ _ _ _ _
Portugiesisch	_ _ _ _ _ _	Arabisch	_ _ _ _ _ _
Englisch	_ _ _ _ _ _ _ _	Spanisch	_ _ _ _ _

12 zwölf

19

6 *Hauptstädte und Länder* (Capital cities and countries)

Find the names of 12 countries in the word search and match them to their capitals in the chart below.

C	Ö	S	T	E	R	R	E	I	C	H	Z
G	R	I	E	C	H	E	N	L	A	N	D
I	P	O	R	T	U	G	A	L	Z	R	F
T	S	P	A	N	I	E	N	J	L	U	B
A	F	I	N	N	L	A	N	D	Y	S	W
L	J	N	O	R	W	E	G	E	N	S	Z
I	T	Z	S	C	H	W	E	I	Z	L	K
E	S	J	N	T	Ü	R	K	E	I	A	O
N	D	E	U	T	S	C	H	L	A	N	D
F	R	A	N	K	R	E	I	C	H	D	J

Hauptstadt	Land		Hauptstadt	Land
Athen	_____		Paris	_____
Lissabon	_____		Moskau	_____
Madrid	_____		Bern	_____
Helsinki	_____		Rom	_____
Wien	_____		Berlin	_____
Oslo	_____		Ankara	_____

7 Word intonation – Listen and mark stressed syllable.

Tür**kei** – Spanien – Österreich – Frankreich – Finnland – Schweden – Russland – Indien – Polen

8 Names of countries. Listen. Write down the letters. Which country is it?

Buchstaben	Land		Buchstaben	Land
1. r a c h e i r n k f	Frankreich		5. _____	_____
2. _____	T		6. _____	_____
3. _____	Th		7. _____	_____
4. _____	_____		8. _____	_____

22

9 *Informationen über Biene*

a Write 5 *W-Fragen* about Biene and answer your questions using the sentence elements below.

Wer	ist/sind …		Boris, Biene, Cora, Rudi, Turbo
Wie alt	spielt …		die Jüngste im Team
Wie	kommt …		13
Woher	mag …		aus Hamburg
Was	kann …		Musik
			Klavier und Flöte
			Kaffee und Tee kochen
			schön und cool
			Sport

1. Wer *sind die „Fantastischen Fünf"?*   *Das sind Boris, Biene, Cora, Rudi und Turbo.*
2. Wie alt _____ _____
3. Wie _____ _____
4. Woher _____ _____
5. Was _____ _____

b Write more questions and answers and discuss them in class.

DAS KANN ICH SCHON

1 I can ask questions with *wie/wo/woher*.   ☺ 😐 ☹

1. ● _____ wohnst du?   ○ In Berlin.
2. ● _____ kommt sie?   ○ Aus Griechenland.
3. ● _____ bitte?   ○ Aus Griechenland, aus Athen.

2 I can conjugate the verbs: *sein/wohnen/haben/können*.   ☺ 😐 ☹

ich bin
du bist

I compared my answers with those on p. 94 and wrote my results on p. 96.
My results: ☺ 😐 ☹

14 vierzehn

DAS FINDE ICH IN EINHEIT 2

1 Personalpronomen und Verben (Singular)

Regelmäßige Verben (Regular Verbs)

Infinitiv		wohnen	kommen	spielen	heißen
1. Person	ich	wohn/e	komm/e	spiel/e	heiß/e
2. Person	du	wohn/st	komm/st	spiel/st	heiß/t ⚠
3. Person	er/es/sie	wohn/t	komm/t	spiel/t	heiß/t

Unregelmäßige Verben (Irregular Verbs)

Infinitiv		sein	haben	mögen	können
1. Person	ich	**bin**	habe	mag	kann
2. Person	du	**bist**	hast	magst	kannst
3. Person	er/es/sie	**ist**	hat	mag	kann

2 W-Fragen

Wo wohnt Monika?	Sie wohnt in Nürnberg. / In Nürnberg.
Woher kommt Markus?	Er kommt aus Köln. / Aus Köln.
Wo liegt Graz?	Graz liegt in Österreich. / In Österreich.

woher? kommen aus

wo? wohnen in

Wie alt bist du?	Ich bin 12 Jahre alt. Ich bin 12. 12.
Wie alt ist der Junge?	Er ist 13 Jahre alt. Er ist 13. 13.
Wie heißt der Junge?	Er heißt Markus. Markus.
Was kann er?	Er kann fotografieren und Gitarre spielen. Fotografieren und Gitarre spielen.
Was mag er?	Er mag Musik. Musik.

fünfzehn 15

Artikel-Bilder

der

der Ball
der Bleistift
der Radiergummi
der Marker
der Spitzer

Sarita

das

das Buch
das Mäppchen
das Pausenbrot
das Handy
das Lineal

Marco

die

die Banane
die Schultasche
die Brille
die Schere
die Turnhose

Joël

Bilder von: Sarita, Marco, Joël (Scuola Media Viganello)

3

1 Kreuzworträtsel – What is in the book bag?

```
 1 S
 2 C
 3   H
 4   U
 5 L
 6   T
 7 A
 8 S
 9 C
10 H
11 E
```

2 Was ist das? – Please write the words.

1. TORBNESUAP _____

2. YDNAH _____

3. ELLIRB _____

4. LETUEBDLEG _____

5. ETRAKRHAF _____

6. NAMCSID _____

7. RHU _____

8. EDALOKOHCS _____

3 Which word does not belong? Mark it.

1. Wörterbuch – Heft – Konzert – Deutschbuch – Vokabelheft

2. Bleistift – Kuli – Füller – Klavier – Marker

3. Radiergummi – Lineal – Spitzer – Schere – Tiere

4. Turnhose – CD – Mäppchen – Schultasche – Filmstar

5. Italien – Deutschland – Frankreich – Griechenland – Japan

6. Film – Konzert – Jazz – Flöte – Klavier

siebzehn 17

12

4 *Der-das-die-Song* – Add the correct article to the noun. Then listen and correct.

DER, die, das, __der Spitzer__, der Name, der Pass.
DER, das, die, der Lehrer, _____, der Kuli.

DIE, das, der, _____, die Tasche, die Scher'.
DIE, der, das, _____, die Schule, die Klass'.

DAS, die, der, das Foto, _____, das Meer.
DAS, der, die, _____, das Buch, das Genie.

5 School supplies and other things – complete the words. Page 16 may help you.

der	das	die
der R a _ _ _ _ g _ _ _ i	das B _ _ _	die B a _ _ _ _
der S p _ _ _ e _	das M ä _ _ _ _ _ n	die T _ _ _ h _ _ _
der M _ _ k _ _	das L _ _ _ _ a _	die S c _ _ _ _ _
der B _ e _ s _ _ _ _	das H _ _ _ y _	die S _ _ u _ _ a _ _
der B _ _ _	das P a _ _ e _ b _ _ _	die B _ _ _ _ _

6 *Ist das ein/eine …?* – Complete the sentences. Use the example.

1. Ist das __ein__ Radiergummi oder ein Spitzer?
   Das ist ein __Spitzer.__

2. Ist das __e___ Bleistift oder __e___ Kuli?
   Das ist ein _____

3. Ist das _____ Brille oder _____ Schere?
   Das _____

4. Ist das _____ Marker oder _____ Mäppchen?
   _____

5. Ist das _____ Heft oder _____ Wörterbuch?
   _____

18

7 *Nein, das ist doch kein/keine ...* – Listen. Write questions and answers.

– Ist Nr. 2 ein Kuli?
– Nein, das ist doch kein Kuli, das ist ein Füller.

8 Questions and answers – Complete the sentences with the correct interrogatives. Use the example.

wo – wer – wer – woher – was – was

Boris – eine Banane – filmen – in Kassel – ~~Cora~~ – aus Russland

1. _____ kann Spaghetti kochen?   Cora kann Spaghetti kochen.

2. _____ spielt Fußball?   _____

3. _____ ist in der Schultasche?   In der _____

4. _____ wohnt Monika?   Monika _____

5. _____ kommt Vladimir?   Vladimir _____

6. _____ macht Monika gern?   Monika _____

neunzehn **19**

9 Write (schreibe) the questions and answers

1. Aquarium? — Ist das ein Aquarium?
   Nein, das ist ein Computer.

2. Wörterbuch? —
   Ja, das ist _____.

3. Deutschbuch?

4. Handy?

5. Fahrrad?

6. Füller?

10 Yes/no questions und interrogatives – Complete the questions.

wie – wie – hat – magst – kannst – wohnst – wo – was – kann – kommst

1. _____ du in Berlin?
2. _____ er kein Deutschheft dabei?
3. _____ du Spaghetti?
4. _____ du kochen?
5. _____ du mit ins Konzert?
6. _____ heißt das auf Deutsch?
7. _____ ist das?
8. _____ Eric schwimmen?
9. _____ alt ist Biene?
10. _____ wohnst du?

11 Write 3 W-Fragen and 3 Ja/Nein-Fragen. Check (kontrolliere) your work in class.

wo – was – woher • wohnen – kommen – können

W_____?   _____?
W_____?   _____?
W_____?   _____?

20 zwanzig

DAS KANN ICH SCHON

1 I can ask for information: *W-Fragen* and *Ja/Nein-Fragen* ☺ 😐 ☹

1. _____ Peter? Er wohnt in Deutschland.
2. _____ in Spanien? Nein, Maria wohnt in Italien.

2 I know the definite and indefinite articles and *kein*. ☺ 😐 ☹

bestimmter Artikel	unbestimmter Artikel	kein
_____ Elefant	_____ Fernseher	_____ Fußball
_____ Haus	_____ Bild	_____ Geld
_____ Gesamtschule	_____ Brille	_____ Information

I compared my answers with those on p. 94 and wrote my results on p. 96.
My results: ☺ 😐 ☹

DAS FINDE ICH IN EINHEIT 3

1 Nouns – definite/indefinite articles and *kein*.

Es gibt drei bestimmte Artikel: der, das, die.

bestimmter Artikel	der Elefant	das Auto	die Blume
unbestimmter Artikel	ein Elefant	ein Auto	eine Blume
Verneinung	kein Elefant	kein Auto	keine Blume

2 W-Frage und Ja/Nein-Frage

	1	2	
W-Frage	Wo	(wohnt)	Peter?
Antwort (Aussagesatz)	Peter	(wohnt)	in England.
Ja/Nein-Frage	(Wohnt)	Peter	in Italien?
Antwort (Aussagesatz)	Nein, Peter	(wohnt)	in England.

W-Frage und Aussagesatz: Das Verb steht auf Position 2.
Ja/Nein-Frage: Das Verb steht auf Position 1.

Ticktack

Uhren von: Klasse 7C, Scuola Media Bedigliora

5

1 *Goetheschule* – Please fill in the blanks. Page 24 in the textbook will help.

Die Goetheschule ist ein __Gymnasium__ für die _____ fünf bis

_____. Die Schule liegt in der Stadt _____ und ist sehr groß. Sie

hat über 1000 _____, 52 _____ und 75 _____.

Die _____ heißt Margitta Thümer. Der Unterricht beginnt um _____

und ist nach der 6. _____, um _____ zu Ende. In der Schule gibt es zwölf

_____-AGs. Die _____ können zum Beispiel rudern, schwimmen, aber

auch Fußball, Basketball oder Volleyball _____. Auch die _____

sind interessant: Es gibt z. B. eine Informatik-AG. Wer Musik mag, kann im _____

singen oder im _____ spielen. Es gibt auch eine _____ mit vielen Infos

über die Goetheschule.

Goetheschule Kassel
Gymnasium

2 A letter and an e-mail (p. 24) – Read them and then put the photos on page 24 in order.

a Der Brief von Sara.

Lieber David,

hier sind ein paar Fotos und Informationen über unsere Schule. Die Fotos zeigen ein Klassenzimmer, einen Computerraum (wir haben aber zwei) und Schülerinnen aus meiner Klasse im Schulhof. Ich bin auch auf dem Foto: Ich bin das Mädchen in der Mitte (mit X markiert).

Unsere Schule hat 380 Schüler und 40 Lehrer. Wir lernen schon in der Grundschule Französisch und ab Klasse 7 Deutsch. Ab Klasse 8 können wir Latein wählen und Englisch ab Klasse 9. In Klasse 9 können wir auch andere Fächer wählen: Bio, Musik und Kunst.

Es gibt in der Schule eine Mensa: Wir beginnen nämlich morgens um acht Uhr und haben jeden Tag bis Viertel nach vier Unterricht, außer am Samstag und am Mittwochnachmittag, da haben wir frei. Wann habt ihr frei? Wie viele Stunden Unterricht habt ihr pro Woche? Wir haben 33, davon sind 14 Sprachunterricht (Muttersprache + Fremdsprachen). Wie viele Stunden Sprachunterricht habt ihr in Italien? Gibt es in deiner Schule einen Computerkurs? Wir können fast in jedem Fach am Computer arbeiten, aber wir haben keinen Kurs.

Herzliche Grüße

Sara

PS: Hast du eine E-Mail-Adresse? Meine ist: Sara.L@bluwin.ch

b Die E-Mail von David.

An: Sara.L@bluwin.ch

Betreff: Schulinfos

Liebe Sara,
danke für deinen Brief und die Fotos. Natürlich habe ich eine E-Mail-Adresse. Ich maile dir auch gleich meinen Stundenplan: Da findest du alle Antworten auf deine Fragen.

Zeit	Montag	Dienstag	Mittwoch	Donnerstag	Freitag	Samstag
08.20-09.10	Deutsch	Sport	Bio	Deutsch	Mathe	Englisch
09.10-10.00	Deutsch	Sport	Bio	Musik	Mathe	Italienisch
10.00-10.50	Geo	Geschichte	Italienisch	Musik	Chemie	Italienisch
11.20-12.10	Mathe	Geschichte	Italienisch	Physik	Geo	Geschichte
12.10-13.00	Mathe	Kunst	Englisch	Mathe	Italienisch	
13.00-13.50	Foto	Kunst	Englisch	Sport	Computer	

Ich mache auch einen Fotokurs. Wir haben in der Schule eine Digitalkamera. Damit kann man tolle Fotos machen und per E-Mail an Freunde schicken. Ich maile dir drei Fotos. Zwei Fotos zeigen Aktivitäten (Malen und Werken) unserer Projektwoche und ein Foto zeigt den Computerkurs (**x** Das bin ich.).

Viele Grüße
David

---

a Fotos von Sara: _____   b Fotos von David: _____

3 Write words from the letter or e-mail that go with the photos.

1 _Computerkurs_   2 _____   3 _____
4 _____   5 _____   6 _____

4 Questions and answers – Write down Sara's questions. Find the answers in David's schedule.

Fragen

Wann habt ihr frei?

Antworten

18

5 What do you hear? Listen and check the numbers you hear.
15 – 5 – 13 – 31 – 51 – 16 – 27 – 73 – 32 – 11 – 45 – 67 – 84 – 6

6 The clocks on page 22 – Listen and write down the times. Which clock has that time?

Uhrzeit	Uhr Nr.		Uhrzeit	Uhr Nr.
a) 15.10		d)		
b)		e)		
c)		f)		

25

7 How many? – Follow the example.

12, 8, 16, 31, 9, 7, 5, 24

zwölf Katzen

fünfundzwanzig 25

8 Plurals – Write the nouns next to their correct plural ending.

das Orchester – die Freundin – das Tier – die Sprache – der Schüler – die Stunde – der Ruderclub – die Information – das Fach – das Wort – die Schule – das Foto – das Lineal – die Party – der Dialog – der Bleistift – der Chor – die Lehrerin – der Direktor

Pluralendung	Nomen im Plural
(ä/ö/ü) —	die Orchester,
-s	
-n	
-(n)en	
(ä/ö/ü) -er	
(ä/ö/ü) -e	

DAS KANN ICH SCHON

1 I can tell time.

1. _____
2. _____
3. _____

2 I can count to 100 and I can spell these numbers.
4 – 12 – 18 – 20 – 30 – 35 – 67 – 100

3 I can conjugate these verbs.
spielen – sein – haben – können

ich spiele
du sp

I compared my answers with those on p. 94 and wrote my results on p. 96.
My results:

DAS FINDE ICH IN EINHEIT 4

1 The numbers from 0 to 100

0 null	7 sieben	13 dreizehn	20 zwanzig	21 einundzwanzig
1 eins	8 acht	14 vierzehn	30 dreißig	34 vierunddreißig
2 zwei	9 neun	15 fünfzehn	40 vierzig	45 fünfundvierzig
3 drei	10 zehn	16 sechzehn	50 fünfzig	56 sechsundfünfzig
4 vier	11 elf	17 siebzehn	60 sechzig	67 siebenundsechzig
5 fünf	12 zwölf	18 achtzehn	70 siebzig	...
6 sechs		19 neunzehn	80 achtzig	
			90 neunzig	100 (ein)hundert

2 Telling time

inoffiziell

Viertel nach acht.

Fünf vor halb zehn.

Zehn vor elf.

Fünf vor zwölf.

offiziell

8:15 — acht Uhr fünfzehn

9:25 — neun Uhr fünfundzwanzig

10:50 — zehn Uhr fünfzig

23:55 — dreiundzwanzig Uhr fünfundfünfzig

3 The weekdays and times of the day

Montag – Dienstag – Mittwoch – Donnerstag – Freitag – Samstag – Sonntag

Montag**vormittag** – Montag**nachmittag** – Mittwoch**abend** – Mittwoch**nacht**

Am Montag habe ich **um** zehn Uhr Mathe und **am** Dienstag schon **um** acht.

4 Personal pronouns and verbs (plural) → singular p. 15

Regelmäßige Verben	Infinitiv:	wohnen	heißen		
	wir	wohn**en**	heiß**en**		
	ihr	wohn**t**	heiß**t**		
	sie/Sie	wohn**en**	heiß**en**		
Unregelmäßige Verben	Infinitiv:	sein	haben	mögen	können
	wir	**sind**	hab**en**	mög**en**	könn**en**
	ihr	**seid**	hab**t**	mög**t**	könn**t**
	sie/Sie	**sind**	hab**en**	mög**en**	könn**en**

5 Nouns: Plural forms

(ä/ö/ü) —	die Orchester – Lehrer	-(n)en	die Information**en** – Lehrerin**nen**
-s	die Club**s** – Party**s**	(ä/ö/ü) -er	die Kind**er** – W**ör**t**er** – F**ä**ch**er**
-n	die Schule**n** – Stunde**n**	(ä/ö/ü) -e	die Bleistift**e** – Lineal**e** – Ch**ö**r**e**

siebenundzwanzig 27

Mein Alphabet

Carmen aus Madrid

A a	B b	C c	CH ch	D d	E e
a	be	se	che	de	e
F f	G g	H h	I i	J j	K k
efe	ge	hache	i	jota	ka
L l	LL ll	M m	N n	Ñ ñ	O o
ele	elle	eme	ene	enye	o
P p	Q q	R r	RR rr	S s	T t
pe	cu	ere	erre	ese	te
U u	V v	W w	X x	Y y	Z z
u	be	doble be	equis	i griega	zeta

Anwar aus Tunis

ا ب ت ث ج ح خ د ذ ر
'Alif / Baa' / Taa' / Thlaa' / Jiim / Hlaa' / Xaa' / Daal / Thaal / Raa'
a / b / t / t / j / h / kh / d / d / r

ز س ش ص ض ط ظ ع غ ف
Zaay / Siin / Shiin / Saad / Daad / Taa' / Thaa' / 'Ayn / Ghayn / Faa'
z / s / sh / s / d / t / z / g / f

ق ك ل م ن ه و ي
Qaaf / Kaaf / Laam / Miim / Nuun / Haa' / Waaw / Yaa
q / k / l / m / n / h / w / y

Ehud aus Tel Aviv

א ב ג ד ה ו ז ח ט
Alef (Silent) / Bet (B/V) / Gimel (G) / Dalet (D) / He (H) / Vav (V/O/U) / Zayin (Z) / Chet (CH) / Tet (T)

י כ ך ל מ ם נ ן ס
Yod (Y) / Kaf (K/Kh) / Khaf (Kh) / Lamed (L) / Mem (M) / Mem (M) / Nun (N) / Nun (N) / Samech (S)

ע פ ף צ ץ ק ר ש ת
Ayin (Silent) / Pe (P/F) / Fe (F) / Tzade (Tz) / Tzade (Tz) / Qof (Q) / Resh (R) / Shin (Sh/S) / Tav (T/S)

Irina aus Moskau

А а	Б б	В в	Г г	Д д	Е е	Ё ё	Ж ж	З з	И и	Й й
a	b	v	g	d	ve	yo	ch	z	i	j

К к	Л л	М м	Н н	О о	П п	Р р	С с	Т т	У у	Ф ф
k	l	m	n	o	p	r	s	t	u	f

Х х	Ц ц	Ч ч	Ш ш	Щ щ	Ъ ъ	Ы ы	Ь ь	Э э	Ю ю	Я я
ch	z	ch	sh	shch	"	y	'	e	yu	ya

Alexis aus Athen

A α	B β	Γ γ	Δ δ	E ε	Z ζ	H η	Θ θ
alpha a	beta b	gamma g	delta d	epsilon e	zeta z	eta ē	theta th
I ι	K κ	Λ λ	M μ	N ν	Ξ ξ	O ο	Π π
jota i	kapa k	lamda l	mi m	ni n	xi x	omikron o	pi p
P ρ	Σ σ	T τ	Υ υ	Φ φ	X χ	Ψ ψ	Ω ω
rho r	sigma s	tau t	ypsilon y	phi ph	chi ch	psi ps	omega ō

Und das ist mein Alphabet!

28 achtundzwanzig

5

1 Compare the alphabets. How many letters do they have?

```
      1 2 3 4 5 6 7 8 9 10 11 12 13 14 15 16 17 18 19 20 21 22 23 24 25 26 27 28 29 30 31 32 33 34 35
```

Russisch _____

Arabisch _____

Griechisch _____

Spanisch _____

Hebräisch _____

Deutsch _____

mein Alphabet _____

2 German is written from left to right (→). Some languages are written from right to left (←). Who writes how? Complete the list.

→: *Deutsch,* _____

←: _____

3 W-Fragen zu Siri – Ask for information to fill in the blanks.

Hallo! Ich heiße ▮▮▮ ▮▮▮ [1]. Ich bin ▮▮▮ [2] alt und komme ▮▮▮ ▮▮▮ [3]. Ich esse gern ▮▮▮ [4]. Ich habe eine Schwester: Sie heißt ▮▮▮ [5]. Sie ist zwei Jahre älter als ich, also ▮▮▮ [6]. Ich reite gern. Mein Pferd heißt Tornado. Ich habe auch einen Hund: Er heißt ▮▮▮ [7] und ist ▮▮▮ ▮▮▮ [8] alt.

[1] *Wie heißt du?* _____

[2] _____

[3] _____

[4] _____

[5] _____

[6] _____

[7] _____

[8] _____

4 The Pronunciation Song

a Listen and sing along.
b Fill in three words from Units 1–4 for each given sound.

Musik: Marco Zappa

s - p, s - t, i - e, e - i,
Aussprache üben, aber wie?
h, g - e, g - i, e - u,
pass gut auf und höre zu.
sp, st, ie, ei,
Schreiben und Sprechen ist zweierlei.
h, ge, gi, eu,
Aussprache singen, das ist neu.

s - p wie Sprachen und speziell,
h wie Hamburg und Hotel,
e - u wie Deutsch und Freundinnen,
g - i wie Gitarre und beginnen.
i - e ist i, e - i ist ei,
sieben, vier, drei und zwei,
g - e wie gern, s - t wie Star,
kein Problem, alles klar?

sp: Sprachen, speziell, _____
st: _____
ie: _____
ei: _____
h: _____
ge: _____
gi: _____
eu: _____

5 Kreuzworträtsel: elf „Schulsachen" – Please fill in the blanks.

AL – BEL – FÜL – HO – KAS – KA –
KER – LI – LI – MAN – SCHE –
SCHUL – TA – TE – TER – TURN –
VO – WÖR

1. KASSETTE
2. DISC
3. HEFT
4. KU
5. LER
6. SE
7. MAR
8. BUCH
9. SCHE
10. R
11. NE

6 Ein/kein und eine/keine – Look for the answers in Units 1–4.

1. Ist Mozart ein Sänger? — Nein, Mozart ist kein Sänger.
2. Sind die „Fantastischen Fünf" eine Rockband? _____
3. Ist ein Ferrari ein Fahrrad? _____
4. Gibt es in der Goetheschule ein Orchester? _____
5. Ist „die Uhr" ein Plural? _____
6. Sind Handys Schulsachen? _____
7. Gibt es in der Clique eine Katze? _____

7 Number snake – Complete the numbers and you will arrive at 100.

_ _ erun_ _ _wanzig und vierz _ _ n und e _ _ undv _ _ r _ _ g und einu _ _ _ _ _ nzig = hundert

8 Telephone numbers – Listen and write down what you hear.

Name ☎	Name ☎
Sabine 37	Isabelle _____
Julia _____	Doris _____
Mirko _____	Marcel _____

9 Uhrzeiten – Listen and cross out the times you hear. Three are missing.

7.15   8.50   9.40   11.45   12.00   13.30   15.10   16.55   18.00   19.20

10 Plural endings – Write the correct ending next to the nouns.

—   -s   -e̶   -n   (ä/ö/ü) -er

1. __e__ Kurs, Spiel, Lineal, Bleistift
2. _____ Mäppchen, Marker, Geldbeutel, Lehrer
3. _____ Pizza, Kuli, Radio, Foto
4. _____ Haus, Fach, Wort, Buch
5. _____ Ratte, Regel, Tafel, Katze

TESTTRAINING 1–5

Test yourself.
1. First do **all** exercises in this unit.
2. Check your answers on p. 95.
3. Then write down your results in the table on p. 96.

HÖREN

1 *Uhrzeiten* – What do you hear? Check them off.

23.30   22.20   19.30   6.15   17.45

2 *Wie viel Uhr ist es?* Listen and draw the clock hands.

3 Names of countries – Listen, read, and mark the stressed syllable.

Griechenland – Deutschland – Schweiz – Türkei – Österreich – Schweden – Polen – Frankreich

4 Listen to the numbers. Join them. What do you see?

LESEN

5 Read the texts a–c. Which topics appear? Put a check in the column.

Thema	Text	a	b	c
1. Sport		☐	☐	☐
2. Musik		☐	☐	☐
3. Tiere		☐	☐	☐
4. Essen		☐	☐	☐

Toblerone ist fast hundert

In einer Nacht im Jahr 1908 experimentieren T. Tobler und Fabrikationsleiter E. Baumann in der Fellenbergstr. 8 in Bern in der Küche. Mit weißem Nougat, einer Süßigkeit aus Mandeln, Honig und Zucker, entwickeln sie eine Milchschokolade – die Toblerone. Ihre ungewöhnliche Form hat die Toblerone vom berühmtesten Berg der Schweiz: dem Matterhorn.

a

32 zweiunddreißig

Marathonlauf immer populärer

Marathonlauf gibt es als olympischen Wettkampf für Damen und Herren erst seit 1984. Vermehrt gibt es in Städten Marathonläufe, z. B. den New York City-Marathon oder den Berliner Stadtmarathon, an denen manchmal über 30.000 Athleten teilnehmen.

Königsboa bringt 55 Babys zur Welt

Eine vier Meter lange Königsboa ist im Tierpark Dortmund vielfache Mutter geworden. Die Pfleger im Tropenhaus fanden am Morgen nicht weniger als 55 Boa-Babys im Terrarium. Die kleinen Riesenschlangen sind 60 Zentimeter groß.

WORTSCHATZ UND GRAMMATIK

6 Write the names of the weekdays.

MODIMIDOFRSASO

7 Interrogatives – Fill in *wer, wo, woher, wie*.

1. _____ heißt du?
2. _____ wohnst du?
3. _____ kommst du?
4. _____ ist dein Freund?
5. _____ heißt die Deutschlehrerin?
6. _____ kannst du kochen?

8 Personal pronouns and verb forms – Which fit together?
Match them and write out the phrases.

er – es – sie – wir – du – ich – Sie – ihr

können – bist – wohnt – schwimmen – spiele – kommst – heißt – mag – magst – bin – ist – habe

9 Fill in the blanks.

Tiere – kann – aus – hat – sieben – kochen – ist – wohnt

Nurja ___ ___ ___ ___ ___ in München. Sie ___ ___ zwölf Jahre alt. Ihre Familie kommt ___ ___ ___ der Türkei. Sie ___ ___ ___ ___ Deutsch und Türkisch. Sie ___ ___ zwei Hobbys: am Computer spielen und mit ihren Cousinen in der Türkei mailen. Sie kann auch ___ ___ ___ ___ ___ ___, ihre Spezialität ist Schokoladentorte. Sie mag ___ ___ ___ ___ ___, ihre Katze heißt Mitzi und ist ___ ___ ___ ___ ___ ___ Jahre alt.

DIALOGE

10 Put the sentences in the correct order and write out the dialog.

Ich höre nur Rap! – Petra, und du? – Hallo, wie heißt du? – Aha, magst du Rap? – Rudolf, und wer ist das? – Biene. – Ja, Biene. Sie heißt richtig Sabine. – Wie bitte? – Ja, und Hip-Hop und Klassik, und du?

Ein Tierdomino

Sie ist groß und produziert Milch. Sie lebt oft im Stall und sie macht "muh".

Er ist der König der Tiere. Er ist groß und gelbbraun. Er lebt besonders in Afrika.

Er ist ein Vogel, aber er kann nicht fliegen. Er ist schwarz und weiß und lebt in der Antarktis.

Es ist wie ein kleines Pferd und lebt in Afrika. Es ist weiß und schwarz.

Es ist groß und hellbraun. Es lebt in der Wüste, z.B. in der Sahara. Es ist fast wie ein Dromedar.

Er ist groß und schwer. Er liebt Honig. ...

Es ist grün und sehr gefährlich. Es ist groß, lang und ist oft im Wasser.

Es ist nicht sehr groß. Es ist vegetarisch und mag besonders Karotten. Es hört sehr gut.

Er ist klein und fast immer grün. Er lebt im Wasser und kann gut schwimmen. Er mag fliegen.

Es ist rotbraun oder grau und groß. Es kann sehr weit springen. Es lebt in Australien.

Sie hat braune Flecken. Sie ist das höchste Tier der Welt. Sie lebt in ...

Er hat viele Farben und lebt in tropischen Ländern. Er kann oft Wörter sprechen.

Er ist ein Haustier und liebt Kinder. Es gibt viele Rassen: Schäfer, Dackel, Boxer, ...

Es ist groß und elegant. Es galoppiert manchmal. Man kann es reiten.

Er mag Bananen und lebt in Afrika. Er ist braun. Es gibt Schimpansen, Gorillas, ...

Er ist grau, groß und dick. Er lebt in Afrika und in ...

Er ist wie eine große Katze. Er ist orange-gelb und schwarz und lebt in Asien.

Sie ... mag Salat.

Sie ist ein Haus... und mag Mäuse. ... ist nicht sehr ... und sie ...

Sie ist klein und grau. Manchmal ist sie auch weiß. Sie mag Käse aber keine Katzen.

Er ... Sch... und ...

... sagen viele ...

Domino von: Klasse 7B, Scuola Media Massagno

34 vierunddreißig

7

1 There are 22 animals in *Tierdomino*. What are the names of these six?

1. Er hat viele Farben und lebt in tropischen Ländern. Er spricht manchmal.
2. Sie ist ein Haustier und mag Mäuse. Sie ist nicht sehr groß. Sie macht „Miau".
3. Es ist groß und elegant. Es galoppiert manchmal. Man kann es reiten.
4. Er ist ein Vogel, aber er kann nicht fliegen. Er ist schwarz und weiß und lebt in der Antarktis.
5. Er ist grau, groß und dick. Er lebt in Afrika und in Indien.
6. Sie ist klein und grau. Manchmal ist sie auch weiß. Sie mag Käse, aber keine Katzen.

der _____

_____

_____

_____

_____

_____

2 *Wie heißt das Tier?* Listen and draw the arrows.

1. das Krokodil
2. die Kuh
3. das Schwein
4. das Kamel
5. das Zebra
6. der Hund

3 Animals and colors – Fill in the blanks.

weiß – gelb – grün – rot – blau – braun – bunt – schwarz – grau

Elefanten sind _____. Affen sind _____ oder _____. Pferde sind _____ oder _____ oder _____ oder _____. Zebras sind _____ und _____.

Tiger sind _____ und _____. Giraffen sind _____ und _____. Fliegen sind _____. Krokodile sind _____. Papageien sind _____ oder _____.

13

4 Possessive pronouns – Correctly match the items and animals below them with their owners.

| ich | du | er/es | sie |

Das ist …
der _mein Geldbeutel_   _dein H_____   _sein_____   _ihr_____
das _____   _____   _____   _____
die _____   _____   _____   _____

Das sind …
die (Pl.) _meine Vögel_   _____   _____   _____

5 Accusative – *Ergänze bitte ein/kein, eine/keine, einen/keinen.*

1. ● Trinkst du _eine_____ Cola? ○ Nein, _keine_____ Cola, _____ Tee, bitte.
2. Der Text ist zu schwierig, ich verstehe _____ Wort!
3. Maria kann Spaghetti kochen, aber sie kann _____ Pizza machen.
4. ● Hast du _____ Aquarium? ○ Ja, aber leider nur noch _____ Fisch.
5. Wir haben heute _____ Mittagspause.
6. Hast du _____ Mathelehrer oder _____ Mathelehrerin?
7. In der Pause esse ich _____ Schokolade. Ich esse _____ Pausenbrot.
8. Ich habe _____ Lieblingsmusik, aber ich habe _____ Lieblingstier: meinen Hund Zorro.

36 sechsunddreißig

6 Accusative – Who has what? Listen and write down the sentences.

Rudi hat eine _____
_____
_____
_____

7 Nominative and accusative – *Ergänze die Dialoge.*

einen – einen – ein – ein – ein – ein – ein – eine – keinen – keine – meinen – mein – dein – deine – seine

1. ● Hast du e_**inen**_ Hund? ○ Nein, e_____ Katze.
2. ● Hat Sandra e_____ Haustier? ○ Ja, e_____ Meerschweinchen.
3. ● Ist Dr. Jones e_____ Pferd? ○ Nein, e_____ Pony.
4. ● Hast du einen Spitzer? Ich finde ○ Ich habe auch k_____, aber Esther
   m_____ nicht. hat e_____.
5. ● Wie heißen d_____ Kanarienvögel? ○ Kori und Kiri.
6. ● Sucht Klaus s_____ Hündin? ○ Ja, sie ist weg.
7. ● E_____ Dackel ist weg? ○ Das ist Bora, die Hündin von Klaus.
8. ● M_____ Stundenplan ist nicht ○ Er ist auch nicht besonders gut.
   gut. Wie ist d_____ Stundenplan? Ich habe fast k_____ Mittagspause.

siebenunddreißig 37

18

8 *Tobias und seine Tiere*

a Match the photos a–d with the text selections 1–4.

a   b   c   d

1 Es ist sechs Uhr abends. Tobias kommt erst jetzt von der Schule. Sein Unterricht ist um fünf Uhr zu Ende, aber Tobias hat einen langen Schulweg. Er fährt zuerst mit der Bahn, dann mit dem Bus und zuletzt läuft er noch 45 Minuten. Er wohnt nicht in der Stadt, er wohnt in den Bergen.

2 „Sissy, Lucy", ruft Tobias laut. Wer ist das? Seine Katzen? Seine Hunde? Nein, nein! Zwei weiße Ziegen hören Tobias und laufen schnell zu ihm. „Hallo, Sissy, hallo, Lucy!", grüßt Tobias. Er findet sie sehr schön und er mag sie sehr. Tobias kann sie auch melken und dann trinkt er auch ihre warme Milch. Tobias hat auch dreizehn Schafe. Elf sind weiß und zwei sind braun. Alle haben Namen: Jana, Biene, Luna, Bianca …

3 Nach den Schafen geht er zu den Hühnern. Elf sind es im Ganzen. Der Hahn ist superschön und dreifarbig: rotbraun, grün und schwarz. Tobias holt seine Eier selbst im Hühnerstall: fünf bis sechs pro Tag.

4 Auf dem Bauernhof leben auch fünf Kühe: Priska, Jole, Betty, Rosy und Funny. Alle sind dieses Jahr Mütter geworden und haben jede ein kleines Kalb.

Tobias findet seine Tiere einfach toll. Er spricht mit ihnen und sie hören ihm zu. Tobias geht nicht gern in die Schule, er ist am liebsten bei seinen Tieren.

b Put a check on true [r] or false [f].

1. [r] [f] Tobias wohnt in den Bergen.
2. [r] [f] Er hat viele Tiere.
3. [r] [f] Er mag keine Tiere.
4. [r] [f] Tobias hat am Nachmittag Schule.
5. [r] [f] Die Schule ist weit weg.
6. [r] [f] Tobias mag die Schule.
7. [r] [f] Eine Kuh heißt Sissy.
8. [r] [f] Die Hühner legen jeden Tag Eier.

DAS KANN ICH SCHON

1 I can use *ein/kein, eine/keine, einen/keinen*   ☺ ☺ ☹

1. Ich habe **einen** Hund, aber **keine** Katze.
2. ● Hast du e_____ Pferd? ○ Nein, e_____ Pony.
3. Meine Katze mag k_____ Vögel, aber Mäuse mag sie sehr.
4. Ich sehe k_____ Pinguin auf dem Foto, da ist nur e_____ Papagei.

38 achtunddreißig

2 I can use the possessive pronouns. Fill in the blanks.

mein – ~~dein~~ – meinen – deinen – ~~sein~~ – seinen – ihre – ihren

1. ● Ist das __dein__ Füller?   ○ Nein, das ist __sein__ Füller.
2. ● Suchst du _____ Füller?   ○ Nein, _____ Kuli und _____ Lineal.
3. Alexandra ruft die Polizei an, sie findet _____ Hund nicht.
4. Franz mag _____ Mathelehrer, aber Elke findet _____ Mathelehrerin nicht gut.

I compared my answers with those on p. 94 and wrote my results on p. 96.
My results: ☺ 😐 ☹

DAS FINDE ICH IN EINHEIT 6

1 Verbs with the accusative

Verbs with the accusative from chapters 1–6:

fahren – finden – haben – hassen – hören – kennen – lernen – lesen – mögen – rufen – schreiben – singen – suchen – tragen

Beispielsätze:

Ich suche meinen Hund.   Trägst du meine Schultasche?
Boris mag seine Ratte Turbo.   Bernd hat einen CD-Spieler.

2 Possessive pronouns in the singular: forms

	Das ist …	Das ist …
ich	mein Hund	meine Katze
du	dein Hund	deine Katze
er/es	sein Hund	seine Katze
sie	ihr Hund	ihre Katze

3 *Ein/kein* and possessive pronouns: nominative and accusative (singular)

→ see articles p. 21

	Nominativ	Akkusativ
der Hund	Das ist ein Hund. Das ist kein Hund. Das ist mein/dein … Hund.	Ich habe ein**en** Hund. Ich habe kein**en** Hund. Ich mag mein**en**/dein**en** … Hund.
das Pferd	Das ist ein Pferd. Das ist kein Pferd. Das ist mein/dein … Pferd.	Ich habe ein Pferd. Ich habe kein Pferd. Ich mag mein/dein … Pferd.
die Katze	Das ist eine Katze. Das ist keine Katze. Das ist meine/deine … Katze.	Ich habe eine Katze. Ich habe keine Katze. Ich mag meine/deine … Katze.

Der Akkusativ ist leicht: Maskulinum *-en*, das reicht.   **Lerntipp**

Schade!

Am Montag
- Gehen wir morgen schwimmen?
- Nein, das geht leider nicht.

Am Dienstag
- Ich habe morgen Handballtraining. Kommst du mit?
- Nein, ich habe keine Zeit.

Am Mittwoch
- Ich spiele morgen Tennis. Spielen wir zusammen?
- Nein, ich muss für den Test lernen.

Am Donnerstag
- Fahren wir morgen Rad?
- Nein, da kann ich nicht.

Am Freitag
- Gehen wir morgen skaten?
- Nein, ich habe keine Lust.

Am Samstag
- Morgen spielt Hamburg gegen Bayern München...
- NEIN!

- Sie mag mich nicht.
- Schade, er ist nett. Aber ich mag keinen Sport!!!

6

1 Gehst du am Sonntag mit …? – Ergänze den Dialog.

Das geht. – Da kann ich nicht. – Prima! – Wann fängt es an? – Wer spielt?

- ● Gehst du am Sonntag mit ins Konzert?
- ○ _____
- ● Die Clique!
- ○ _____
- ● Um 16 Uhr.
- ○ _____
- ● Und am Samstag?
- ○ _____
- ● _____

2 *Zwei Dialoge* – Listen. Which dialog schematic fits which dialog?

Dialoggrafik 1 – Dialog ☐

Dialoggrafik 2 – Dialog ☐

Dialoggrafik 3 – Dialog ☐

einundvierzig 41

3 *Hallo, Erika ...* – Use the schematic to put the dialog in order. Listen to the tape to check your work.

- [ ] Wo?
- [ ] Hallo, Stefan.
- [ ] Im „Capitol".
- [ ] Gut, danke, bis vier Uhr. Tschüs, Stefan.
- [ ] Es gibt den neuen Film von ...
- [x] Hallo, Erika, hier ist Stefan.
- [ ] Um 14 Uhr 30 kann ich nicht, aber vielleicht um 16 Uhr 30.
- [ ] Bis dann, Erika.
- [ ] Wann?
- [ ] Ja, warum?
- [ ] Hast du heute Nachmittag Zeit?
- [ ] Um 14 Uhr 30 und um 16 Uhr 30.
- [ ] Ich kann dich um vier Uhr abholen!

Schematic:
Hallo → Hallo
Zeit? → +/?
Film → ?
„Capitol" → ?
14.30/16.30 → –14.30 / +/–16.30
16.00 ! → +

4 Language building blocks – Write the nouns and phrases in the correct column.

Kino – Konzert – Cafeteria – Computerkurs – Tennis spielen – Zoo – Stadt – Bibliothek – Museum – schwimmen – Park – skaten

Ich gehe

in den	ins	in die	—
Computerkurs			

13

5 *Schade*! Read the comic on p. 40. Write down the activities and weekdays.

Was? Wann?

1. Fußball spielen — Sonntag
2. _____ — _____
3. _____ — _____
4. _____ — _____
5. _____ — _____
6. _____ — _____

6 Write sentences using the words from exercise 5.

1. Am Sonntag geht er ins Fußballstadion.

7

7 *Die Woche von Marina* – Read the schedule and listen.

a There are two incorrect entries in the schedule. Mark them.

> SUPER! DIESE WOCHE KANN ICH
> 2x INS SCHWIMMBAD
> PETRA UND ROLF KOMMEN AUCH MIT

SEPTEMBER

13.	MONTAG	16.30–18.00	Gitarre
14.	DIENSTAG	14.00	Nachhilfe Mathe
15.	MITTWOCH	16.00–17.30	Schwimmbad (Petra/Rolf)
16.	DONNERSTAG	11.00–12.00	Deutschtest
		16.30–18.00	Schwimmbad (Rolf?)
17.	FREITAG	10.00	MATHETEST!!!
		15.00	Volleyballtraining
		17.00	fernsehen: Schloss Einstein
18.	SAMSTAG	10.00–17.30	Volleyballturnier
		18.00–20.00	Volleyballparty
19.	SONNTAG	? – ?	Ausschlafen, ausschlafen, ausschlafen

b Correct the false information.

_____   _____

8 Separable verbs – Mark the separable verbs. Write down the infinitives.

1. Die Lehrerin |liest| den Text |vor|.   vorlesen
2. Wencke hört nicht zu. Sie träumt.   _____
3. Wir schreiben die neuen Wörter auf.   _____
4. Maria versteht ein Wort nicht. Sie schlägt es nach. _____
5. Andere schreiben ab.   _____

9 Separable verbs – Write out sentences.

1. Die Schüler – Dialoge – vorspielen
2. Er – anrufen – seine Freundin – heute Abend
3. Wir – aufstehen – am Sonntag – spät
4. Nina – abholen – ihre Freunde – um acht Uhr
5. Ich – zuhören – nicht – ich – sein – müde

dreiundvierzig **43**

10 Was sagt Boris?

Ergänze bitte den Text.
Höre zur Kontrolle. *(Listen to the tape.)*

an|machen – an|ziehen –
ab|schreiben – auf|hören –
ab|holen – an|rufen –
fern|sehen – ~~auf|wachen~~

Ich **wache** jeden Morgen um sechs Uhr **auf**. Ich _____ den CD-Spieler _____ und höre Musik. Dann _____ ich mich _____ und frühstücke schnell. Um acht Uhr bin ich in der Schule. In der Pause _____ ich schnell meine Hausaufgaben _____. Ich vergesse sie immer! Um 13 Uhr _____ der Unterricht _____. Ich fahre mit dem Bus nach Hause. Unterwegs _____ ich meine Schwester vom Kindergarten _____. Sie ist erst fünf Jahre alt. Von zu Hause _____ ich zuerst meine Freunde _____. Manchmal besuche ich sie auch. Am Abend _____ ich oft _____.

11 Negation – Fill in *nicht* or *keinen, kein, keine*.

1. Sabine wartet auf Peter, aber er kommt _____.
2. Am Freitag geht es _____, da hat er leider _____ Zeit.
3. Ich kann heute _____ kommen. Ich habe _____ Fahrrad.
4. Das Konzert fängt _____ um 20 Uhr an. Es beginnt um 21 Uhr.
5. Jan kommt _____ mit in die Pizzeria, er mag _____ Pizza.

DAS KANN ICH SCHON

1 I can ask questions (appointments, dates).

1. anrufen – mich – morgen – du – ?
2. abholen – ihr – mich – um 14 Uhr – ?
3. aufstehen – du – früh – am Wochenende – ?
4. mitkommen – du – ins Schwimmbad – Mittwoch – ?

Rufst du mich morgen an?

2 I can use *nicht* and *kein*. ☺ 😐 ☹

1. Maria isst Hamburger.   Maria isst keine Hamburger.

2. Ich mag Pizza und ich kann kochen.   _____

3. Ich habe einen Hund und Fische.   _____

4. Er muss früh aufstehen.   _____

I compared my answers with those on p. 94 and wrote my results on p. 96.
My results: ☺ 😐 ☹

DAS FINDE ICH IN EINHEIT 7

1 Appointments → Telling time p. 27

Kommst du mit in den Park / ins Kino / in die Stadt / skaten / schwimmen?

+	+/−	−
Klar!	Mal sehen!	Schade, das geht nicht!
Prima!	Ich weiß noch nicht.	Da/Heute/Morgen kann ich nicht!
Au, ja!	Vielleicht!	Ich habe keine Zeit!
Das geht.		Leider nein, ich …

2 *nicht* and *kein* → *kein* p. 21, 39

nicht verneint Verben und Adjektive:

Das **geht nicht**.
Ich **kann nicht** schwimmen.
Ich **lerne** am Samstag **nicht**.
Ich spiele **nicht gut** Fußball.

kein/e/en verneint Nomen:

Ich habe **kein Auto**,
keinen Fernseher
und **keine Zeit**.

3 Separable verbs – Sentence clamp

ab	holen	Ich	hole	dich um 20 Uhr	ab .
an	fangen	Der Film	fängt	um 16 Uhr	an .
nach	schlagen	Er	schlägt	im Wörterbuch	nach .
vor	lesen	Der Lehrer	liest	die Sätze	vor .
auf	stehen	Wir	stehen	um 7 Uhr 15	auf .

Wir haben alle ein Hobby

Musik: Marco Zappa

Wir Mädchen haben alle ein Hobby und die

1   *Wir Mädchen haben alle ein Hobby*
2   *und die Jungs natürlich auch,*
3   *wir malen, sammeln, lesen, kochen,*
4   *der Uli redet sogar mit dem Bauch!*

5   *Der Leo geht jede Woche ins Kino,*
6   *die Alexandra liebt das Theater,*
7   *die Karin läuft oft Kilometer,*
8   *der Max kocht Fisch, wie sein Vater.*

9   *Wir Mädchen haben alle ein Hobby*
10   *und die Jungs natürlich auch,*
       …

11   *Der Patrick liest sehr viele Krimis,*
12   *die Claudia malt, am liebsten Rosen,*
13   *der Robert fährt mit seinem Roller,*
14   *die Martina sammelt Dosen.*

15   *Wir Mädchen haben alle ein Hobby*
16   *und die Jungs natürlich auch,*
       …

17   *Die Nina tanzt sehr gut Flamenco,*
18   *die Flo mag klassisches Ballett,*
19   *der Thomas macht ganz tolle Fotos,*
20   *der Roy spielt Sax in einem Sextett.*

21   *Wir Mädchen haben alle ein Hobby*
22   *und die Jungs natürlich auch,*
       …

46   sechsundvierzig

9

1 *Ein Lied* – Listen and read the text. Who has which hobby?
Ergänze die Tabelle.

	Person	Verb	Gegenstand/Ort
1.	Alexandra	lieben	Theater
2.	_____	_____	_____
3.	_____	_____	_____
4.	_____	_____	_____
5.	_____	_____	_____
6.	_____	_____	_____
7.	_____	_____	_____
8.	_____	_____	_____

2 What do you like to do? – Match the nouns and the verbs.

Bilder	lesen		Musik	essen
Bücher	sammeln		Filme	tanzen
Gitarre	kochen		Briefe	fahren
Freunde	malen		Samba	schreiben
Spaghetti	spielen		Roller	hören
Briefmarken	einladen		Pizza	sehen

siebenundvierzig **47**

3 Was machst du? Was macht ihr? – Schreibe Fragen.

du: Bilder, Filme, Mathe, Gitarre   ihr: Musik, Spaghetti, Roller, Bücher

1. __Malst du Bilder?__ Nein.   5. __Hört ihr Musik?__ Ja!

2. __Siehst__ ____? Nein!   6. ____? Nein!

3. ____? Nein!!   7. ____? Nein!!

4. ____? Ja!!!   8. ____? Ja!!!

13

4 What does your teacher like to do? Fill in the blanks on the left. Write sentences like the example on the right.

machen – ~~lesen~~ – gehen – einladen – essen – schreiben – aufstehen

1. Meine Lehrerin __liest__ in den Ferien gern Bücher.
   In den Ferien __liest meine Lehrerin gern Bücher.__

2. Sie _____ auch gern Briefe in den Ferien.
   In den _____

3. Sie _____ am Wochenende gern ins Kino.
   Am _____

4. Oft _____ sie Sport.
   Sie _____

5. Am Samstagabend _____ sie gern Freunde _____.
   Sie _____

6. Sie _____ am Sonntag gern spät _____.
   Am _____

7. Sie _____ am Sonntagabend gern Pizza.
   Am _____

5 *Suchrätsel* (word search)

a **Highlight the ten verbs.**
b **Write five sentences with the words from the puzzle. These words will help you.**

oft – viel – ein Comicheft – schnell – seinen Freund – Meine Mutter – Englisch – um sieben Uhr – im Wörterbuch – einen Ferrari – Michael Schumacher – Boris – Unsere Lehrerin – Mein Vater – Flo

O	M	S	P	R	E	C	H	E	N	T	L
F	E	R	N	S	E	H	E	N	K	E	E
A	U	F	S	T	E	H	E	N	P	S	S
H	G	Z	L	A	U	F	E	N	B	S	E
R	A	A	J	P	A	B	H	O	L	E	N
E	I	N	L	A	D	E	N	F	M	N	O
N	A	C	H	S	C	H	L	A	G	E	N

Infinitiv   3. Person Sg.   Beispielsatz

fahren   _____   Michael Schumacher fährt einen Ferrari.

17

6 Ergänze die Fragen und beantworte sie.

gern – lieber – am liebsten • gut – besser – am besten

1. Hörst du _____ Popmusik?   Ja/Nein, ich höre _____
2. Welche Musik hörst du _____?   _____
3. Stehst du am Wochenende _____ spät auf?   Ja/Nein, _____
4. Trinkst du _____ Cola?   Ja/Nein, _____
5. Magst du _____ Cola oder Wasser?   Ich _____
6. Kannst du _____ Deutsch?   Ja/Nein, _____
7. Findest du Deutsch oder Englisch _____?   Ich finde _____
8. Was kannst du _____?   Ich _____
9. Welches Spiel spielst du _____?   Ich _____
10. Arbeitest du _____ für Mathe oder für Deutsch?   Ich _____

7 Hobbies – An interview with the authors of the comics on pp. 10 and 40.

a Listen. Who has which hobbies? Write 1–14 next to the names.

1. Fußball spielen
2. lesen
3. Flöte spielen
4. Musik hören
5. Street-Hockey spielen
6. schwimmen
7. Gitarre spielen
8. Ägyptologie
9. Modellbau
10. Tennis spielen
11. Schlagzeug spielen
12. Paläontologie
13. Xylophon spielen
14. Videospiele

Leandro _____ Fiona _____ Marwan _____ Valentina _____ Manuel _1_

b Listen to the interview again. *Richtig oder falsch? Kreuze an.*

1. [r] [f] Manuel spielt fast nie Fußball.
2. [r] [f] Valentina hat jede Woche dreimal Training.
3. [r] [f] Fiona mag moderne Musik.
4. [r] [f] Leandro studiert Musik.
5. [r] [f] Marwan interessiert sich für Geschichte.
6. [r] [f] Leandro findet Videospiele langweilig.

c Korrigiere die falschen Aussagen. Kontrolliere im Unterricht.

1. Manuel spielt viel Fußball.

DAS KANN ICH SCHON

1 I can make comparisons.   ☺ 😐 ☹

gut – gern – lieber – besser

1. ● Kannst du _____ Miniroller fahren. ○ Es geht. Ich kann _____ skaten.
2. ● Lernst du _____ Mathe? ○ Na ja … Bio lern ich _____.
3. Er liest _____ Comics, aber noch _____ sieht er fern.

50 fünfzig

2 I can write sentences with time expressions. ☺ 😐 ☹

1. In den Ferien …   schwimmen – gern – ich
2. Am Sonntagmorgen …   ich – ins Schwimmbad – gehen
3. Wir …   heute – spielen – Fußball
4. Meine Freunde …   am Wochenende – ich – treffen

1. In den Ferien schwimme ich gern.

I compared my answers with those on p. 94 and wrote my results on p. 96.
My results: ☺ 😐 ☹

DAS FINDE ICH IN EINHEIT 8

1 Comparison of *gern* and *gut*.

gern → lieber → am liebsten   gut → besser → am besten

Ich spiele **gern** Klavier.   Ich finde Fußball **gut**.
Ich spiele **lieber** Flöte.   Tennis finde ich **besser**.
Ich spiele **am liebsten** Gitarre. / Schwimmen finde ich **am besten**. /
Am liebsten spiele ich Gitarre.   **Am besten** finde ich Schwimmen.

2 *Sätze mit Zeitangaben* (sentences with time expressions)

Position 1	Position 2		
Ich	gehe	am Wochenende	ins Kino.
Am Wochenende	gehe	**ich**	ins Kino.
Sara und ich	fahren	am Samstag	Fahrrad.
Am Samstag	fahren	**Sara und ich**	Fahrrad.

3 *Unregelmäßige Verben* (irregular verbs)

	e → i(e)		a → ä	
	lesen	sprechen	fahren	laufen
ich	lese	spreche	fahre	laufe
du	liest	sprichst	fährst	läufst
er/es/sie	liest	spricht	fährt	läuft
wir	lesen	sprechen	fahren	laufen
ihr	lest	sprecht	fahrt	lauft
sie/Sie	lesen	sprechen	fahren	laufen

lesen
ich lese
er/es/sie liest
Petra liest ein Buch.

Always learn the irregular verbs with the 1st and 3rd person singular. Learning cards will help here. **Lerntipp**

Das ist meine Familie

Ich heisse Tamara, ich bin 12.
Meine Eltern heissen Fernando und Erika.
Meine Geschwister sind Luka und Dario.
Luka ist 22 und Dario 21.
Dario ist Koch und Luka studiert noch.
Meine Katze heisst Tata und ist 20.

Ich heisse Phil Bergen und wohne in der Schweiz. Meine Eltern kommen aus Deutschland. Mein Bruder ist 17 und geht noch in die Schule. Ich habe ein Pferd. Er heisst Harrissen. Ich spreche zu Hause Deutsch und Italienisch. Mein Freund heisst Romano. Wir sprechen Italienisch und Deutsch.

Hallo!
Ich bin Petra.
Das sind meine zwei Grossmütter, sie wohnen in Wien. In den Ferien besuche ich sie oft. Das Baby ist mein Bruder, meine Mutter ist auch auf dem Foto.

Ich heisse Amanda,
wir wohnen in der Schweiz.
Mein Grossvater wohnt im Kongo, meine Tante in Frankreich und meine Onkel wohnen in Deutschland.

Texte und Bilder von: Klasse 7A, Scuola Media Minusio

In der Schweiz schreibt man immer ss statt ß: heißen → heissen

4

1. Amanda introduces her family. Look at picture 4 on p. 52 and listen to the tape. Complete the table.

	Großvater	Vater	Mutter	Onkel	Tante	Schwester	Bruder	Cousin	Alter	Land
André	X								68	Kongo
Jean										Schweiz
Jamba										Schweiz
Godè										Frankreich
Ghiom										Deutschland
Oghi										Deutschland
Miffi										Schweiz
Oliviette										Schweiz
Jonathan										Schweiz
Jil										Frankreich

2. A family with four generations – Look at picture 3 on p. 52 and listen to the tape. Answer the questions.

1. Wo wohnt Petra?
2. Wie alt ist sie jetzt?
3. Spricht sie mit ihrer Mutter Italienisch?
4. Wie viele Geschwister hat sie?
5. Wie alt ist Petras Großmutter?
6. Wo wohnt ihre Großmutter?
7. Wohin fährt Petra in den Ferien?

3. Learning words in groups – Fill in the blanks.

Großvater	+	Großmutter	=	Großeltern
Vater	+	Mutter	=	_____
Mann	+	_____	=	Ehepaar
_____	+	Tochter	=	Kinder
_____	+	Schwester	=	_____
_____	+	Freundin	=	_____
Onkel	+	_____	=	Verwandte
Cousin	+	_____	=	Verwandte

dreiundfünfzig **53**

9

4 Luise, das Stadtkind – Ergänze bitte den Text.

ausgeben – gehen – haben – hören – hören – kosten – mögen – schreiben – schreiben – schreiben – ~~sein~~ – sein – suchen – wohnen

Das __ist__ Luise. Sie _____ 14 Jahre alt und _____ in der Stadt. Das _____ sie, denn sie _____ gerne ins Kino und in Konzerte: Sie _____ gern Jazz und Funk. Am liebsten _____ sie aber klassische Musik. Ihr Hobby ist Schreiben. Sie _____ viel und oft: Sie _____ viele Verwandte, Freunde und auch Brieffreunde/-innen in ganz Europa, in Amerika und sogar in Asien!! Sie _____ auch gerne Gedichte für ihre Freunde und Freundinnen. Sie _____ ihr Geld für CDs und Konzerte _____.

Sie _____ auch viele SMS und das _____ auch wieder viel Geld. Zu viel! Sie _____ eine Arbeit für die Ferien, um mehr Geld für ihre Hobbys zu haben.

5 Familie Studer

a Lies den Text auf S. 55 und ergänze die Namen im Foto.

b Ergänze bitte den Text.

einen – ein – eine – eine • wir – wir – sie – sie • mein – seine – seine – seine – ~~unser~~ – unser – unsere – meine – ihre

Ich heiße Sergio und bin der zweite von rechts auf dem Foto. Ich gehe in die Klasse 7. Ich habe zwei

Brüder und _____ Schwester. _____ wohnen nicht in der Stadt.

U**nser**_____ Tag beginnt um sechs Uhr, denn wir müssen 90 Minuten bis zur Schule fahren.

U_____ Vater heißt Paul. Er ist 40 Jahre alt. Er fährt uns zur Schule.

U_____ Mutter heißt Gabriela. _____ ist auch 40. _____ arbeitet im

Haus und passt auch auf die Tiere auf. _____ haben 24 Ziegen, _____ Pferd,

_____ Hund und _____ Katze. _____ ältester Bruder ist 16 und heißt

Mirko. _____ Hobbys sind: Bassspielen, Snowboarden, Skaten und Musikhören.

_____ Schwester Sara spielt Flöte und trifft oft _____ Freundinnen.

Manuel ist erst neun Jahre alt und geht in Klasse 3. _____ Hobbys sind Snowboarden und

Zeichnen. Er und _____ Freunde spielen oft Tarzan.

6 Possessive pronouns – *Ergänze bitte die Sätze.*

ihren – ihre – ihr – ihre – sein – seine – seinen – seine

1. Cora und _____ Freunde mögen Sport.

2. Rudi mag Computer, _____ Ratte auch.

3. Biene hört zu, aber _____ Freund Boris nicht. Er liest einen Comic.

4. Ich mag Rudi sehr, aber _____ Ratte nicht.

5. Biene ruft _____ Mutter an, nicht _____ Freund.

6. Rudi spielt gern Tennis, _____ Freund Boris auch.

7. Boris fragt _____ Freund: „Kommst du mit zum Skaten?"

fünfundfünfzig 55

16

7 *Typisch Schule* – What do teachers and students say? Write the sentences in the imperative.

Lehrer → Klasse
1. bitte zuhören und gut aufpassen
2. den Dialog auf Seite 57 lesen
3. nicht so laut sein
4. die Wörter von Einheit 9 lernen
5. bitte im Wörterbuch nachschlagen

1. Bitte hört zu und passt gut auf.

Schüler → Lehrer
6. bitte den Satz noch einmal wiederholen
7. bitte weniger Hausaufgaben geben
8. bitte die Regel nicht auf Deutsch erklären
9. bitte etwas langsamer sprechen
10. bitte das Wort an die Tafel schreiben

6. Wiederholen Sie bitte …

Schüler → Schüler
11. mir bitte deinen Radiergummi geben
12. nicht immer abschreiben
13. nicht so blöd fragen
14. deine Aufgaben alleine machen
15. nicht immer meinen Kuli nehmen

11. Gib mir …

DAS KANN ICH SCHON

1 I can formulate requests. ☺ 😐 ☹

Situation	Reaktion
1. Du verstehst den Lehrer nicht.	_____ bitte lauter!
2. Du verstehst deinen Freund nicht.	_____ bitte lauter!
3. Dein Mitschüler hört nicht zu.	_____ bitte zu!
4. Die Lehrerin liest zu schnell.	_____ bitte langsamer!
5. Du hast keinen Kuli.	_____ mir bitte deinen Kuli!
6. Du rufst deine Freundin an die Tafel.	_____ bitte an die Tafel!

56 sechsundfünfzig

2 I can talk about families.

☺ ☹ ☹

```
        Ursula ∞ Hermann
        ┌──────┴──────┐
Michael     Lutz          Ute
```

Ursula (Hermann)   *Ursula ist seine Frau.*

Hermann (Ursula)   Hermann ist _____

Ute (Ursula)   Ute ist _____

Lutz (Hermann)   Lutz ist _____

Michael, Ute (Lutz)   Michael und Ute sind _____

**I compared my answers with those on p. 94 and wrote my results on p. 96.
My results:**   ☺ ☹ ☹

DAS FINDE ICH IN EINHEIT 9

1 Possessive pronouns in the nominative (plural) → singular p. 39

	der Hund / das Pony	die Katze	die Hunde/Ponys/Katzen
wir	Das ist **unser** Hund/Pony	unsere Katze	das sind unsere Hunde/Ponys/Katzen
ihr	Das ist **euer** Hund/Pony	eure Katze	das sind eure Hunde/Ponys/Katzen
sie	Das ist **ihr** Hund/Pony	ihre Katze	das sind ihre Hunde/Ponys/Katzen

2 Possessive pronouns in the accusative (plural) → singular p. 39

	der Hund	das Pony	die Katze	die Hunde/Ponys/Katzen
Wir suchen	unser**en*** Hund	unser Pony	unsere Katze	unsere Hunde/Ponys/Katzen
Ihr sucht	eur**en** Hund	euer Pony	eure Katze	eure Hunde/Ponys/Katzen
Sie suchen	ihr**en** Hund	ihr Pony	ihre Katze	ihre Hunde/Ponys/Katzen

* Wie heißt der Lerntipp? Sieh auf Seite 39 nach.

3 Imperative

Infinitiv	Sie-Form	du-Form	ihr-Form
kommen	Kommen Sie bitte!	Komm bitte!	Kommt bitte!
fahren	Fahren Sie bitte!	Fahr doch!	Fahrt doch!
vorlesen	Lesen Sie bitte vor!	Lies bitte vor!	Lest bitte vor!

siebenundfünfzig 57

Drei Tiergedichte

von Josef Guggenmos

1 **Die Schnecke**

2 In Wald und Garten
3 lebt ein Tier,
4 das macht im Winter
5 zu die Tür.
6 Geht es im Frühling
7 wieder aus,
8 bleibt es doch immer
9 halb zu Haus.

10 **Der Dachs**

11 Der Dachs hat
12 Streifen im Gesicht.
13 Den argen Winter
14 mag er nicht.
15 Im März schaut er
16 aus seinem Loch
17 und grunzt:
18 „Nun kommt der Frühling
19 doch!"

20 **Der Elefant**

21 Der Elefant,
22 grau wie ein Stein,
23 hat Zähne
24 ganz aus Elfenbein.
25 Wie ein Gebirg
26 geht er herum.
27 Zehn Männer
28 werfen ihn nicht um.

10

1. Kreuzworträtsel – Fill in with nouns from the poem.
The line numbers (Z. 10 = Line 10) will help you.

Z. 10: D A C H S
Z. 2: _ _ R _ _
Z. 1: _ _ E _ _ _
Z. 22: _ _ I _

Das Lösungswort heißt: **Drei**

2. Was ist X? Eine Schnecke, ein Dachs oder ein Elefant? Kreuze bitte an.

	Schnecke	Dachs	Elefant
1. X ist grau.	☐	☐	☒
2. X ist schwarz-weiß im Gesicht.	☐	☒	☐
3. X mag den Winter nicht und geht schlafen.	☐	☐	☐
4. X ist sehr groß und schwer.	☐	☐	☐
5. X ist klein und geht sehr langsam.	☐	☐	☐
6. X spricht nicht, X grunzt wie ein Schwein.	☐	☐	☐
7. X nimmt immer das Haus mit.	☐	☐	☐
8. Zehn Personen sind nicht so stark wie X.	☐	☐	☐
9. X wacht im Frühling wieder auf.	☐	☐	☐
10. X hat zwei lange Zähne.	☐	☐	☐

3. Wer kommt woher?
a Listen to the tape and color the flags.

neunundfünfzig 59

b Listen and match the country with the photo. Then match flags with photos.

Piet Anna Ronan Olga und Bernard

Name: _Piet_ _____ _____ _Bernard/_____

Land/Flagge: _Belgien / 3_ _____ _____ _____

4 *Was, wann, um wie viel Uhr?* Find the information in the ⓖ-puzzle.
Fill out the appointment calendar.

I	T	T	W	O	C	H	U	M	Z	W	E	I
M	E	I	T	A	G	U	M	S	I	E	B	E
M	R	L	N	A	C	H	V	I	E	R	O	N
A	F	E	L	B	A	C	H	T	S	K	M	M
O	M	T	A	E	C	H	S	P	A	A	A	A
N	A	R	H	S	M	D	O	N	R	T	A	T
I	R	E	M	M	A	P	I	N	T	E	M	H
K	E	I	U	U	A	Z	Z	E	Y	N	S	E
F	I	V	G	G	A	T	S	R	A	A	O	T
L	V	M	A	T	S	M	A	S	M	M	N	E
E	A	U	G	A	T	S	N	E	I	D	N	S
B	L	K	S	N	I	E	M	U	G	A	T	T
L	A	H	M	U	G	A	T	N	O	M	M	A

So	
Mo	
Di	
Mi	
Do	Pizza um 18 Uhr
Fr	
Sa	

5 **Ein Hobby: Conny und Regula sammeln Kaffeerahmdeckel.**

Many people in Switzerland collect the covers from individual coffee cream containers. There are complete series, just like with postage stamps. The collectors trade the covers with each other.

Listen. Who is looking for which cover? Write C for Conny or R for Regula.

☐ Krokodil
☒R Dinosaurier
☐ Comic-Figur Peppino
☐ Ferrari
☐ Junge mit Punk-Look
☐ Flamenco-Tänzerin
☐ Bilderrätsel „Haushalt"
☐ Dick und Doof
☐ Maus

60 sechzig

10

6 Imperatives in advertising – Formal or informal? Put a check in the column.

1. Entdecken und geniessen Sie die schönsten Seen und Schiffe der Schweiz
2. bewirb dich jetzt!
3. KONTAKTIEREN SIE UNS!
4. Macht mit und gewinnt eine Traumreise!
5. Sprechen Sie länger bezahlen Sie weniger!
6. HOL DIR DIE DINO-CYBER-CARDS!
7. Gönnen Sie dieses Erlebnis Ihren Enkeln.
8. Ruf uns an 01/ 250 4...

Nr.	Sie-Form	du-Form	ihr-Form	Nr.	Sie-Form	du-Form	ihr-Form
1.	☒	☐	☐	5.	☐	☐	☐
2.	☐	☐	☐	6.	☐	☐	☐
3.	☐	☐	☐	7.	☐	☐	☐
4.	☐	☐	☐	8.	☐	☐	☐

7 Put the sentences in order and write mini-dialogs.

Ich habe Katzen am liebsten.

Und ich finde Ratten schön.

1. Magst du Hamburger?
2. Boris spielt gut Tennis.
3. Schläfst du auch lange am Wochenende?
4. Trinken wir ein Mineralwasser?
5. Ich finde Geo besser als Geschichte.
6. Ich mag Hamburger.
7. Ich habe Katzen am liebsten.
8. Kannst du gut Ski fahren?

a) Ich finde Englisch am besten.
b) Nein, lieber Steaks mit Pommes.
c) Ja, schon, aber ich kann besser skaten.
d) Ja, besonders am Samstagmorgen.
e) Und ich finde Ratten schön.
f) Lieber einen Tee, danke!
g) Aber Handball spielt er noch besser.
h) Was? Ich finde Pizza viel besser.

einundsechzig 61

TESTTRAINING 6–10

Test yourself.

1. First do **all** the exercises in the unit.
2. Check your answers on p. 95.
3. Then write down your results in the table on p. 96.

HÖREN

1 Wer hat welches Tier? Höre zu und ergänze die Tabelle.

Wer?	Was?	Tiername	Alter	Farbe
	Hündin			
		X	X	
		X		
		X		

DIALOGE

2 Schreibe den Dialog mit der Dialoggrafik. Die Wörterschlange hilft.

… Susy → … Markus
schwimmen? ← →
→ ?
Samstag ←
→ 🕐 ?
16 Uhr ←
→ — / Gitarrenunterricht
13 Uhr? ←
→ +
13 / abholen ←
→ ++

hallotagkommstdumitwannamumwievieluhrumdakannich
nichtdahabeichundjadasgehtichschoholedichumeinsabprima

3 Schreibe die Fragen oder Imperativsätze zu 1–6.

1. ● Ich gehe am Samstag ins Kino. (du / mitkommen / ?)   ○ Hab keine Zeit.
2. ● Wir gehen am Mittwoch in den Zoo. (ihr / mitkommen / ?)   ○ Ja, gerne.
3. ● Kim war heute nicht in der Schule. (du / anrufen / ihn / ?)   ○ Klar, mach ich.
4. ● Samstags stehe ich um 7.30 Uhr auf. (du / auch / früh aufstehen / ?)   ○ Nein, erst um 9.
5. ● Frau Meier, ich verstehe das Wort nicht. (Sie / bitte / es / erklären / !)   ○ Das heißt …
6. *Frau Meier:* (Tom und Tina / vorspielen / den Dialog / bitte / !)   *Tom/Tina*: Immer wir!

WORTSCHATZ UND GRAMMATIK

4 Welche Wörter passen nicht?

1. am kleinsten – am liebsten – besser – am besten
2. lieber – weniger – gern – besser
3. vorne – hinten – rechts – immer
4. Kinder – Lehrer – Eltern – Großeltern
5. komm – iss – lies – ist
6. schreib auf – hört zu – schlagt nach – passt auf

5 Possessivartikel – Ergänze den Text.

mein – mein – ~~meine~~ – meine – meine – meinen – sein

Ich mag m_eine_ Haustiere sehr. M_____ Hund heißt Foxi. Ich kaufe immer s_____ Hundefutter. Ich habe auch eine Katze. Manchmal gibt es Probleme. M_____ Katze mag m_____ Fisch sehr. M_____ Hund mag m_____ Katze „Garfield" nicht.

6 Biene und Rudi – Schreibe die Sätze.

Biene, die Ja-Schülerin

Rudi, der Nein-Sager

1. Sie macht <u>Hausaufgaben</u>. Er _macht keine Hausaufgaben._
2. Sie lernt <u>Wörter</u>. Er _____
3. Sie <u>mag</u> ihre Deutschlehrerin. Er _____
4. Sie hört <u>deutsche Musik</u>. Er _____
5. Sie <u>spricht</u> gern Deutsch. Er _____
6. Sie kann <u>surfen</u>. Er _____

7 Ergänze die Verben in der richtigen Verbform.

suchen – lesen – lernen – hören – sein

1. Ich s_____ meinen Bleistift. Er ist nicht mehr im Mäppchen.
2. Rudi h_____ Radio und l_____ ein Comicheft.
3. Wir schreiben keine Wörterlisten, wir l_____ lieber mit den Kärtchen.
4. Rudi s_____ sein Deutschbuch. Es i_____ weg.

Alles Gute!

1. Zum Geburtstag
2. Gute Besserung!
3. 7. Mai
4. Bitte langsam!
5. MERRY CHRISTMAS
6. Zum Muttertag
7. Prosit Neujahr!

Karten von: Nadia, Simone, Irene, Theo, Andy, Stefano und Ruth

64 vierundsechzig

7

1 Welcher Text (a–g) passt zu welcher Karte von S. 64?

a

Liebe Tante Lisa und Onkel Karl,

wir wünschen euch auch im nächsten Jahr viel Glück und alles Gute.

Barbara und Jörg

Karte Nr. _____

b

Lieber Tommy,

schreibe das Datum auf und vergiss es nicht. An diesem Tag gibt es um 18 Uhr bei mir zu Hause eine Mega-Party und du bist natürlich eingeladen.

Erika

Karte Nr. _____

c

Liebe Frau Bäumler,

Sie sind die beste Deutschlehrerin und wir mögen Sie sehr, aber sprechen Sie doch bitte nicht so schnell!

Die Schüler der Klasse 7c

Karte Nr. _____

d

Liebe Mama,

alles Liebe zu deinem Fest wünschen dir deine Tochter Anja und dein Sohn Franz

Karte Nr. _____

e

Lieber Peter,

die besten Glückwünsche zu deinem 13. Geburtstag!

Dein Freund Jonathan

Karte Nr. _____

f

Liebe Evelyne,

aus London wünschen dir meine Eltern und ich frohe Weihnachten.

Deine Vera

Karte Nr. _____

g

Lieber Papi,

komm bitte bald aus dem Krankenhaus. Wir warten auf dich!

Vanessa und Jessica

Karte Nr. _____

2 *Was ist wann?* Listen to the tape and match the columns.

1. Deutscher Nationalfeiertag
2. Internationaler Tag der Familie
3. Welt-Wasser-Tag
4. Österreichischer Nationalfeiertag
5. Welttierschutztag
6. Sankt Nikolaus
7. Internationaler Tag des Buches
8. Weltkindertag
9. Schweizer Nationalfeiertag
10. Internationaler Tag gegen Drogen

a) 26. 06.
b) 26. 10.
c) 01. 08.
d) 04. 10.
e) 03. 10.
f) 22. 03.
g) 20. 09.
h) 23. 04.
i) 06. 12.
j) 15. 05.

OKTOBER

3

Tag der deutschen Einheit

3 Das Monatsgedicht – Fill in the blanks with the months. The rhyme will help you.

Klaus hat Geburtstag, wunderbar,

gleich zu Beginn, im _____.

Vier Monate später, also im _____,

sind an der Reihe Elisa und Kai.

Raphael feiert nicht im September,

erst am Ende vom Jahr, im _____.

Eine Torte, ein großes Herz ♥

gibt's auf dem Fest von Gaby im _____.

Sandra wünscht sich einen Kuli

zu ihrem Geburtstag am 15. _____.

Eine Party im Sommer? Keine Lust!

Roland macht Urlaub im _____.

Im Oktober? Nein, erst im _____

feiert die Tochter von Familie Ember.

Feiert der Sohn von Onkel Bill

im Februar, Juni oder im _____?

In welchem Monat, an welchem Tag

feierst denn du deinen Geburtstag?

11

4 Eine Einladung am Telefon. Schreibe den Dialog nach der Dialoggrafik.

Alexandra → Yvonne

16. August Geburtstag Party?

++ / ?

14.00

+ / etwas mitbringen!

++ / Samstag!

+++

5 Die Textschlange – Mark the words. Read the sentences out loud.

alexandrahatindensommerferienam16augustgeburtstagsiedarfdiesentagjedesjahrgr
oßfeiernsielädtihrefreundinneneinundsiefeiernzusammensieessendengeburtstagsku
chendiemuttervonalexandrabacktimmerihrenlieblingskuchendenschokoladenkuch
endiesesjahrmit13kerzensietrinkenlimonadeundwasserdiepartybeginntgegendreidi
efreundinnenbringenimmervielegeschenkemitdasgeburtstagskindfreutsichaufdasfes
tundaufdiegeschenkeundpacktsieallesofortaussiemachenauchmusikundspielen

6 Das Geburtstagsfoto – Höre zu.
Wann haben Alexandras Freundinnen Geburtstag?

	Stefanie	Gabriela	Claudia	Yvonne	Sophie	Ute
Geburtstag	13. 12.	_____	_____	_____	_____	_____

17

7 Ein Telefongespräch – Put the sentences in order and write the dialog.

- Hallo, Alexandra, hier ist Roberta.
- Wir waren in Deutschland.
- Nein, ich war bei meinen Großeltern. Hattest du eine gute Party?
- Wer war da?

○ Fast alle waren da, Tina hatte ihren Bruder dabei. Der ist total süß!
○ Hallo, Roberta, bist du zurück? Wo wart ihr denn?
○ Warst du bei deiner Tante?
○ Ja, es war total super!

– Hallo, Alexandra, hier ist Roberta.

siebenundsechzig **67**

8 Go to exercise 7. Find the past tense forms of *sein* and *haben*. Fill in the blanks.

	sein	haben		sein	haben
ich	_____	hatte	wir	_____	_____
du	warst	_____	ihr	_____	_____
er/es/sie	_____	_____	sie/Sie	_____	hatten

9 *Zwei Partyspiele* – Fill in the modal verbs.

Beiß den Apfel

darfst – darf – kann – kann – musst – muss

Du m_____ zuerst einen Partner / eine Partnerin suchen. Ihr steht euch gegenüber. In der Mitte, vor euren Nasen, hängt ein Apfel. Jeder Spieler m_____ jetzt versuchen, in den Apfel zu beißen. Du d_____ aber deine Hände nicht benutzen und dein/e Partner/in auch nicht. Das Spiel ist nicht einfach und k_____ ziemlich lange dauern. Wer zuerst richtig in den Apfel beißen k_____, d_____ den ganzen Apfel essen.

Blinde Kuh

darf – darf – muss – muss

Die Blinde Kuh _____ die Augen verbinden. Er oder sie _____ nichts sehen. Die Musik beginnt und alle tanzen. Die Blinde Kuh bekommt immer wieder einen neuen Partner. Plötzlich stoppt die Musik und die Blinde Kuh _____ raten: Wer tanzt mit dir? Der Partner _____ natürlich nichts sagen. Erkennt die Blinde Kuh den Partner, dann ist dieser die nächste Blinde Kuh.

DAS KANN ICH SCHON

1 I know the seasons and the months. ☺ 😐 ☹

Ein Jahr hat vier _____: W_____, F_____, S_____, H_____ – und zwölf _____: Januar, _____

2 I can say when people were born. 😊 😐 ☹

1. Elke 18.01.
2. Monika 26.03.   Monika ...
3. Georg 01.09.   Georg ...
4. Inge 31.05.   Inge ...

Elke hat am achtzehnten Januar Geburtstag.

3 I can use the prepositions *um, im* and *am*. 😊 😐 ☹

Morgen – Winter – zwei Uhr – Juli – Wochenende – Donnerstagmorgen – Dezember

im _____

am *Morgen* _____

um _____

Ich vergleiche meine Lösungen auf Seite 94 und notiere mein Ergebnis auf
S. 96. Mein Ergebnis ist: 😊 😐 ☹

DAS FINDE ICH IN EINHEIT 11

1 Birthdates: Prepositions *im/am* and ordinal numbers.

Elke hat **im** Winter Geburtstag.

Peter hat **am** achtzehn**ten** April Geburtstag.

1. am ers**ten**
3. am drit**ten**
4. am vier**ten**
...
7. am sieb**ten**
...
19. am neunzehn**ten**

20. am zwanzig**sten**
21. am einundzwanzig**sten**
...

2 The past tense of *sein* and *haben*

	sein	haben			sein	haben
ich	war	hatte		wir	waren	hatten
du	warst	hattest		ihr	wart	hattet
er/es/sie	war	hatte		sie/Sie	waren	hatten

3 Modal verbs

	können	müssen	dürfen
ich	kann	muss	darf
du	kannst	musst	darfst
er/es/sie	kann	muss	darf

4 Modal verbs – Sentence clamp

Ich	darf	bis 22 Uhr	aufbleiben.
Ich	muss	in die Schule	(gehen).
	Kann	er gut	skaten?

neunundsechzig **69**

Wo ist die Toilette, bitte?

3

1 Schüler von der 7a stellen ihre Schule vor. Match the photo with the text.

☐ Da sind wir in unseren Pausen. Eine Pause haben wir am Morgen, um Viertel vor zehn, und eine am Nachmittag, um Viertel nach drei. Es gibt einige Bänke zum Sitzen und viel Platz. Vor den Sommerferien organisieren wir hier ein großes Fest.

☐ Hier finden wir interessante Bücher! Die Bibliothekarin ist leider nicht die ganze Woche da.

☐ In den Pausen gehen hier immer viele Schüler rauf und runter. In unserer Schule haben wir vier davon.

☐ In dieses Zimmer im Erdgeschoss dürfen wir nicht rein! Da sitzen die Lehrer in den Pausen und Freistunden. Sie haben viele Zeitschriften zum Lesen und sogar eine Kaffeemaschine. Wir haben keine Kaffeemaschine im Klassenzimmer!

2 Was ist wo? Listen to the tape and complete the drawing.

3 Beschreibe die Schule von Aufgabe 2.

Das Lehrerzimmer _ist im Erdgeschoss rechts._

Die Direktion _____

Der Geographieraum _____

Der Chemieraum _____

Die Bibliothek _____

Das Schwimmbad _____

4 Write the terms to match the drawings. Difficult? The text below will help you.

die Treppe hoch _____   _____   _____

dietrepperuntarlinksgeradeausdietreppehoch

8

5 How do you ask for the information? There are a number of friendly ways to do so.

Du suchst die Direktion: _____

Du suchst den Musikraum: _____

Du suchst den Computerraum: _____

Du suchst das Schwimmbad: _____

6 Look at this drawing and fill in the blanks on p. 73.

Cafeteria	Toilette	Computerraum	Schwimmhalle
Direktion			
Sekretariat		7a	
Hausmeister		Lehrerzimmer	

hinten links – hinten rechts – hinter der – hinter dem – vor der – vor der – geradeaus – links – rechts

Die Cafeteria finden Sie im Erdgeschoss _____. Das Lehrerzimmer ist am Eingang _____. Der Hausmeister, die Direktion und das Sekretariat sind _____. Das Sekretariat ist _____ Direktion und _____ Hausmeister. Die Direktion ist _____ Cafeteria. Die Toiletten? Gehen Sie hier immer _____. Der Computerraum ist ganz _____, _____ Klasse 7a.

7 You are in the cafeteria. Complete the dialog. The drawings in 2 and 6 will help you.

1. ● Entschuldigung, ich suche den Musikraum.
   ○ _____
2. ● Entschuldigung, wo ist der Hausmeister?
   ○ _____
3. ● Ich suche die Klasse 7a.
   ○ _____
4. ● Entschuldigung, wo ist hier die Bibliothek?
   ○ _____
5. ● Gibt es zwei Computerzimmer?
   ○ _____
6. ● Ist der Chemieraum auch im Erdgeschoss?
   ○ _____

8 Short . or long –? Listen and mark the stressed syllable.

Biblioth<u>e</u>k – Eingang – Cafeteria – Hausmeister – Sekretariat – Direktion – Schulhof – Treppe – Erdgeschoss – Toilette

9 Read the comic on p. 70 again. Draw the paths the student used:
•••• *richtig,* →→→ *falsch.*

Sporthalle	Klasse 7a	Klasse 7b	Cafeteria	WC
			Lehrerzimmer	
Computerraum	Sekretariat	Klasse 6a	Klasse 8a	
	Direktion	Klasse 6b		
Hausmeister			Klasse 8b	

Eingang

12

10 Chaos bei Rudi – Ergänze die Präpositionen und Artikel.

auf dem – auf dem – auf dem – auf dem – hinter den – in der – neben dem – unter dem – unter dem – unter dem – vor dem

Rudi steht _____ Tisch, der Computer steht _____ Stuhl und der Stuhl steht _____ Tisch. _____ Stuhl liegt ein Comicheft _____ Tisch und _____ Comicheft liegt die Brille von Rudi. _____ Tisch, _____ Boden liegen und stehen Bücher und _____ Büchern schläft Turbo. _____ Tisch liegt seine Schultasche und _____ Schultasche stecken Rudis Handy und CDs. So ein Chaos! Wie kann Rudi da seine Hausaufgaben machen?

DAS KANN ICH SCHON

1 I can understand directions. ☺ 😐 ☹

Listen and write the room names in the picture.

2 I can give directions.

Complete the two dialogs. The drawing in 1 (p. 74) will help you.

● E_____, w_____ ist d_____ Sekretariat?

○ Das ist hier r_____, n_____ d_____ Direktion
und v_____ d_____ Hausmeister.

▲ E_____, ich s_____ d_____ Computerraum.

○ Der ist l_____, n_____ d_____ Musikraum.

▲ D_____.

Ich vergleiche meine Lösungen auf Seite 94 und notiere mein Ergebnis auf
S. 96. Mein Ergebnis ist:

DAS FINDE ICH IN EINHEIT 12

1 Wo ist/liegt/steht …? – Prepositions with the dative

hinter – vor

Cora sitzt hinter
dem Schreibtisch.
Rudi steht vor
dem Schreibtisch.

unter – auf

Boris liegt unter
dem Bett.
Turbo liegt auf
dem Bett.

neben – in

Turbo sitzt in
der Schultasche.
Biene steht neben
der Schultasche.

2 Definite articles in the dative

Singular	Dativ	Artikel + Präposition
der	dem	(an dem) am Eingang, auf dem Tisch
das	dem	(in dem) im Computerzimmer
die	der	vor der Cafeteria, in der Direktion
Plural		
die	den	in den Zimmern, auf den Treppen

fünfundsiebzig

Reisen, reisen, reisen

*Alle wollen in die Ferien,
niemand will zu Hause bleiben,
jeder hat nur eins im Kopf:
reisen, reisen, reisen.*

Manchmal hat man nur zwei Tage
und so macht man mit dem Zug,
mal nach München oder Dresden,
einen Wochenendausflug.

Refrain

Viele lieben lange Reisen,
fahren quer durch ganz Europa,
andere wollen nicht weit weg,
fahren nur zu Oma und Opa.

Refrain

Wohin fährst du dieses Jahr?
Lieber ans Meer oder in die Berge?
Auf einen Campingplatz am See
oder in eine Jugendherberge?

Refrain

5

1 Listen to the song. In which order do the pictures come? Write down the letters and find out how long Rainer's trip lasted.

Die Reise dauert: Z _ _ _   W _ _ _ _ _ _

2 Five friends in Munich are planning a trip. Where do they want to go? Where are the cities? Work with the map in your textbook.

1. Zuerst fahren sie nach Vaduz. Vaduz liegt in der Mitte von Liechtenstein.
2. Dann _____
3. Dann _____
4. Danach _____
5. Zum Schluss _____

3 What are the five doing in Liechtenstein?
Listen to the dialogs 1–3 and match them with the dialog schematics. One schematic does not fit. Find help in the textbook on pp. 80/81.

a ! → –/!
b ! → +
c ! → –
d ! → –/!
        ↓
        –

Dialog   1   2   3
Grafik   ___ ___ ___ .   Grafik ___ passt nicht.

siebenundsiebzig 77

10

4 Youth hostel Lugano – Read the text and mark 1–10 *richtig* or *falsch*.

Jugendherberge Lugano (Südschweiz)

porträt / details / ausflüge / kontakt & reservation

Porträt

Die Jugendherberge Lugano liegt in einem schönen Park. Hier kannst du faulenzen, schwimmen, Volleyball, Badminton, Tischtennis oder Boccia spielen.

Von März bis November bist du willkommen. Wir haben Zimmer für 2 bis 10 Personen und drei Ferienwohnungen mit Küche. Wir servieren dir gerne das Frühstück, du kannst es aber auch selbst mitbringen. Für Ausflüge kannst du auch ein Lunchpaket bestellen.

Die Jugendherberge liegt nördlich von Lugano. Vom Bahnhof oder vom Stadtzentrum kann man sie mit dem Bus (Linie 5) erreichen. Von der Bushaltestelle Crocifisso bis zur Jugendherberge braucht man zu Fuß drei Minuten.

Weitere Informationen zur Jugendherberge:
www.luganoyouthhostel.ch

1. [r] [f] Die Jugendherberge liegt in der Südschweiz.
2. [r] [f] Sie liegt westlich von der Stadt.
3. [r] [f] Vom Bahnhof zur Jugendherberge sind es zu Fuß drei Minuten.
4. [r] [f] Sie ist das ganze Jahr offen.
5. [r] [f] Sie liegt in einem Park.
6. [r] [f] Es gibt ein Schwimmbad.
7. [r] [f] Man kann auch Tennis spielen.
8. [r] [f] Man kann in der Jugendherberge frühstücken.
9. [r] [f] Alle Zimmer haben zwei Betten.
10. [r] [f] Es gibt auch Wohnungen mit Küche.

5 Florian reserviert Zimmer. Hör zu und fülle den Anmeldezettel aus.

```
ANTWORT - REPONSE - RISPOSTA - REPLY

Plätze reserviert vom         bis                        für
Lits réservés du              au                         pour
Letti riservati dal    ___ 20___   al   ___ 20___        per    ___     ___
Beds reserved from            till                       for

☐ Übernachtung inkl. JH-Schlafsack/Nuitée, sac de couchage compris     à _____
  Pernottamento, compreso sacco-letto AG/Overnight incl. YH sleeping bag
☐ Frühstück/petit déjeuner/                                            à _____
  colazione/breakfast
☐ Lunchpaket/lunch à emporter/                                         à _____
  sacchetto-lunch/packed lunch
☐ Nachtessen/dîner/                                                    à _____
  cena/dinner
☐ selber kochen/cuisiner/       ☐ nicht möglich/pas possible/          à _____
  cucinare/self-cooking           non possibile/not possible
☐ Kurtaxen/                                                            à _____
  taxes/tasse

Plätze werden ohne besonderen Abmachungen nur bis 19.00 reserviert.
Sans avis préalable, les lits ne seront réservés que jusqu'à 19.00 h.
Senza avvisi preventivi, i letti saranno riservati solamente fino alle 19.00 h.
Unless agreed upon beforehand, beds will be reserved only till 19.00 h.

Die JH ist besetzt        Plätze frei bis zum                und ab
L'AJ est occupée     ☐    Places libres jusqu'au             et dès le
L'AG è occupata           Posti liberi fino al    _____   e dal    _____
The YH is fully booked    Free places until                  and from

Hausschuhe obligatorisch !  /  Pantoufles obligatoires !  /  Pantofole obbligatorie !  /  Slippers are a must!

Bemerkungen/Notes/
Note/Remarks: _____

Datum/Date/Data: _____    Unterschrift/Signature/Firma: _____

Imp. Heng SA - Chx-Fds - 94 - 30000
```

6 Was machen die Jugendlichen in Bozen? Wohin gehen oder fahren sie?

in die (4) – in den (5) – ins (1) – nach (7) – an den (2)

1. Anita geht zuerst _____ Altstadt von Bozen.

   Sie geht _____ Dom und _____

   Stadtmuseum. Dann fährt sie mit dem Bus _____

   Meran und geht _____ Gärten von Schloss Trauttmansdorff.

2. Rainer und Ramona fahren _____ Osten von Südtirol, zuerst

   _____ Bruneck und dann weiter _____ Toblach.

   Dort gehen sie _____ Wälder und _____ See.

3. Rainer und Jonas fahren _____ Süden, _____ Kalterersee,

   und gehen von dort _____ Naturpark Trudner Horn.

4. Rainer und Florian wollen wandern gehen. Sie fahren _____ St. Ulrich, ins Grödental,

   und von dort gehen sie zu Fuß _____ Berge.

5. Am Donnerstag geht es dann _____ Norden von Südtirol und _____ Öster-

   reich. Die Fahrt führt von Bozen _____ Brixen und dann weiter über den Brennerpass

   _____ Innsbruck.

neunundsiebzig 79

7 What do you do on vacation or in your free time? *Wohin gehst oder fährst du?*
a Complete the article.

- d____ Rhein – Safaripark – Osten – Tanzkurs – Schwarzwald – Bodensee
- kein Artikel Salzburg – Deutschland
- d____ Meer – Museum – Hotel – Konzert – Schwimmbad – Aquarium – Theater
- d____ Schweiz – Disco – Nordsee – Ostsee

b Write the nouns next to the correct prepositions.

in den Schwarzwald
in die _____
ins   _____
an den _____
an die _____
ans   _____
nach   _____

c *Was machst du?* Mark 7b or write your own activities.

15

8 *Essen in Innsbruck* – Listen. What does the waiter write down?

1 Hamburger

9 Im Restaurant schreibt Ramona eine Postkarte. Was schreibt sie? Ordne 1–9 und schreibe den Text.

1. Es gibt viele alte Häuser 2. und warten gerade auf das Essen.
3. deine Freundin Ramona 4. die Altstadt von Innsbruck
5. und viele Gassen und Plätze 6. ist sehr schön und interessant.
7. mit kleinen Cafés und Restaurants. 8. Bis bald
9. Wir sitzen hier in der Sonne – Liebe Astrid,

Liebe Astrid,
die Altstadt von I

DAS KANN ICH SCHON

1 Ask for information on the phone. ☺ 😐 ☹

1. ● W_____ kaufen? ○ Du kannst den Ausweis in der „Juhe" kaufen.
2. ● W_____ Übernachtung? ○ € 13,90 inklusive Frühstück.
3. ● W_____? ○ Wir haben 5-Bett- und 4-Bett-Zimmer.
4. ● W_____ Mittagessen? ○ Von 12.00 bis 13.30 Uhr.
5. ● K_____ Billard _____? ○ Ja, Tischtennis und Basketball auch.

2 I can order in a restaurant. ☺ 😐 ☹

1. ● Ja, bitte? _____
2. ● Was möchtet ihr? _____
3. ● Sonst noch etwas? _____

Ich vergleiche meine Lösungen auf Seite 94 und notiere das Ergebnis auf
S. 96. Mein Ergebnis ist: ☺ 😐 ☹

DAS FINDE ICH IN EINHEIT 13

1 Compass directions

Wo liegt ... ?

Hamburg liegt im Norden von Deutschland.
München liegt im Süden von Deutschland.
Luzern liegt in der Mitte von der Schweiz.

2 Wohin? – *in, an, nach*

Wir fahren	... in den Thüringer Wald.	... an den Bodensee.	... nach Hamburg.
	... ins Ruhrgebiet.	... ans Meer.	... nach Wien.
	... in die Alpen.	... an die Ostsee.	... nach Basel.

3 Modal verbs → p. 69

Infinitiv:	wollen	mögen (möchten)
ich	will	möchte
du	willst	möchtest
er/es/sie	will	möchte
wir	wollen	möchten
ihr	wollt	möchtet
sie/Sie	wollen	möchten

einundachtzig 81

Berufe-Memory

A

- der Pilot
- die Krankenschwester
- die Tänzerin
- der Regisseur

B

- die Kindergärtnerin
- der Polizist
- die Sängerin
- der Astronaut

C

- ER MACHT MAUERN.
- SIE ARBEITET AN DER KASSE.
- ER HILFT KRANKEN MENSCHEN.
- SIE ARBEITET ZU HAUSE: SIE KOCHT UND PUTZT.
- ER KENNT VIELE BÜCHER.

Memory von: Ella, Deborah, Alex
(Scuola Media Massagno)

7

1 Ein Interview mit Natascha. Welche Überschrift passt?

1. Ein Schultag
2. Ein Ferientag
3. Ein Sporttag
4. Ein Wochenende

2 Read the statements. Listen again, take notes, and decide if they are true or false.

1. [r] [f] Sie steht sehr früh auf.
2. [r] [f] Sie hat keine Geschwister.
3. [r] [f] Sie frühstückt mit ihrem Bruder.
4. [r] [f] Sie geht allein ins Schwimmbad.
5. [r] [f] Sie spricht gern mit ihren Freundinnen.
6. [r] [f] Sie hat viele Aufgaben zu Haus.
7. [r] [f] Sie geht an den See.
8. [r] [f] Sie schwimmen immer im See.
9. [r] [f] Sie sieht gern fern.
10. [r] [f] Ihre Mutter kommt um 18 Uhr 30 nach Hause.

3 *Jennifers Tag* – Put the text in order. Listen to the tape and check your work.

Mein Tagesablauf sieht in den Ferien etwas anders aus. Ich stehe immer spät auf, so gegen 9 Uhr. Das mag meine Mutter nicht. Zuerst frühstücke ich und dann wasche ich mich und ziehe mich an. Am Vormittag helfe ich meistens meiner Mutter:

1. Bei uns gibt es immer um 18 Uhr 30 Abendessen. Wir, meine Eltern, mein Bruder und ich, essen und reden. Später sehen wir auch fern.
2. aufräumen, Geschirrspülmaschine leeren, Tisch decken. Zweimal in der Woche gehe ich nach dem Mittagessen babysitten bei den Nachbarn.
3. Dreimal in der Woche gehe ich zum Schachkurs,
4. Gegen 22 Uhr muss ich dann ins Bett. Ich darf leider nie länger aufbleiben.
5. ich besuche schon den dritten und ich kann ziemlich gut spielen. Ich muss jetzt viel üben für das nächste Turnier.
6. Ich treffe Freundinnen in der Stadt, lese, spiele Playstation oder schreibe meinem Brieffreund in Österreich.
7. Ich bekomme 4 Euro in der Stunde. So habe ich etwas Taschengeld. Am Nachmittag ist dann immer viel los:
8. Ich finde Schachspielen super, ich lerne dabei, mich immer besser zu konzentrieren, und das hilft auch für die Schule!

Nächste Woche beginnt das Schachturnier, aber leider auch die Schule!

Reihenfolge: [2] [ ] [ ] [3] [ ] [ ] [ ] [ ]

4 Was macht Natascha? Schreibe Sätze mit *immer, oft, nie, manchmal, meistens*.

1. nie / sie / aufstehen / um sieben Uhr
2. sie / immer / müssen / raus / mit dem Hund
3. sie / meistens / ihr Zimmer / aufräumen
4. sie / oft / das Mittagessen / kochen
5. sie und ihre Freundinnen / oft / im See / schwimmen
6. sie / manchmal / ihrer Mutter / helfen
7. im Zimmer / sie / meistens / lesen / Musik hören / und

Sie steht nie um sieben Uhr auf.
_____
_____
_____
_____
Manchmal _____
Meistens _____

8

5 Reflexive verbs – Find them in the text from Jennifer and write down the infinitives.

sich waschen _____   _____   _____

6 Practice with reflexive verbs – Choose the correct pronouns.

1. Wir kennen _____ seit der ersten Klasse.   sich-uns-euch
2. Boris freut _____ auf die Geburtstagsparty.   sich-dich-mich
3. Jennifer und Natascha freuen _____ auf die Ferien. uns-euch-sich
4. Corinna trifft _____ mit ihren Freundinnen.   dich-sich-mich
5. In den Ferien duscht _____ Natascha immer lange.   sich-dich-uns

7 Practice with pronouns – Complete the dialogs.

1
● Hallo, Peter, um wie viel Uhr treffen wir _____ morgen?
○ Geht es um zwei?
● Prima! Ich freue _____.

2
● Siehst _____ heute Nachmittag Marc?
○ Nein, _____ kann nicht, aber _____ kommt um sechs zum Turnier.
● O.k., _____ komme ja auch und kann _____ auch sehen.

3
● Was möchtet _____ essen?
○ _____ will nur Pommes.
▲ _____ auch, aber ohne Ketschup.
● _____ seid ja langweilig!!

8 Aus Nataschas Interview – Ergänze die Pronomen.

dich – ich – ich – ich – ihr – ihr – sie – uns – uns – ~~wir~~ – wir – wir

- ● Meine Mutter kann oft in der Mittagspause nicht nach Hause kommen, dann kochen **wir**, mein Bruder und _____, etwas für _____.
- ○ Und am Nachmittag hast du Zeit für _____?
- ● In den Sommerferien gehe _____ oft mit meinen Freundinnen an den See. Es ist immer sehr lustig und _____ amüsieren _____: Wir hören Musik, reden über Jungs und schwimmen im See, wenn das Wasser nicht zu kalt ist.
- ○ Bleibt _____ lange am See?
- ● Ich bin immer um 18 Uhr wieder zu Hause und dann sitze _____ gemütlich vor dem Fernseher.
- ○ Und wann esst _____ zu Abend?
- ● Meine Mutter kommt immer um 18.45 Uhr von der Arbeit zurück und dann kocht _____. Ich helfe ihr manchmal und dabei reden _____ über alles.

9 Das Wochenende von Boris – Schreibe einen Text.

Samstag	Sonntag
5.00 aufstehen	14.00 aufstehen
6.00 duschen / sich anziehen	15.00 ins Kino
6.30 Frühstück	19.00 Abendessen
7.00 skaten	22.00 ins Bett / Musik

10 *Das Berufe-Memory von S. 82.* What goes together? Match the pictures with the occupations.

A

	1	a
		2
b	3	c
4		d

B

e	5	6
7		f
g	8	
		h

1b, _____

11 Berufe-Memory – Ordne Beschreibungen und Berufe zu. Bild C auf S. 82 hilft.

der Maurer – die Hausfrau – der Arzt – der Bibliothekar – die Kassiererin

Beschreibung (Nr.)   Beruf

1. Er hilft kranken Menschen.   _____

2. Er macht Mauern.   _____

3. Sie arbeitet zu Hause: Sie kocht und putzt.   _____

4. Er kennt viele Bücher.   _____

5. Sie arbeitet an der Kasse.   _____

12 Kreuzworträtsel – Thema „Berufe" (ß = SS)

Waagerecht (→):

1. Er repariert Autos.
2. Er zeichnet Pläne für Häuser, Kirchen, Schulen …
3. Mein Hund ist krank, ich bringe ihn zu ihm.
4. Wir sehen sie in Filmen, aber auch im Theater.
5. Er spielt in einer Mannschaft mit zehn anderen.
6. Er fährt Leute mit dem Auto. Sie bezahlen ihn.
7. Er macht Brot und Brötchen.
8. Sie verkauft ihre Produkte auf dem Markt.
9. Wer Probleme mit den Zähnen hat, geht zu ihm.

Senkrecht (↓):

Sie unterrichtet Zahlen.

13 Nouns and verbs – Listen and write down the words. Listen again and mark the stressed syllable.

Verben   Nomen

aufwachen

DAS KANN ICH SCHON

1 I can describe people. ☺ 😐 ☹

Schreibe drei Texte.

1. Peters Vater – 50 – Mathematiklehrer – Gymnasium – Lesen
2. Anna – 30 – aus Berlin – Polizistin – 2 Kinder
3. Herr Brügger – Bäcker – 3.00–10.00: arbeiten – Rad fahren

2 I can describe what I do and when I do it. ☺ 😐 ☹

Ich stehe um 7 Uhr auf.

Ich vergleiche meine Lösungen auf Seite 94 und notiere das Ergebnis auf S. 96.
Mein Ergebnis ist: ☺ 😐 ☹

DAS FINDE ICH IN EINHEIT 14

1 Modal verbs in sentences → separable verbs pp. 45, 69/81

Ich	muss	immer früh ins Bett	gehen.
Ich	darf	manchmal lange	ausschlafen.
Ich	darf	am Abend nicht allein nach Hause	zurückgehen.
Am Nachmittag	muss	ich meistens Hausaufgaben	machen.
Ich	will	später Architekt	werden.
Am Montag	möchte	ich nicht in die Schule	gehen.

2 Personal and reflexive pronouns → p. 15/27

Personalpronomen	Nominativ	ich	du	er	es	sie	wir	ihr	sie/Sie
	Akkusativ	mich	dich	ihn	es	sie	uns	euch	sie/Sie
Reflexivpronomen		mich	dich	sich	sich	sich	uns	euch	sich/sich

3 Reflexive verbs

sich duschen	Ich dusche mich.	Er duscht sich.
sich treffen mit	Ich treffe mich mit Petra.	Er trifft sich mit Ute.
sich kennen	Wir kennen uns seit zwei Jahren.	Sie kennen sich seit zwei Jahren.
sich ärgern über	Ich ärgere mich über den Mathetest.	Er ärgert sich über den Test.

siebenundachtzig **87**

Mein Haustier

Mein Haustier ist lieb. Es heißt Olga. Wenn ich in seinen Stall komme, wackelt es mit den Ohren. Sein Stall liegt genau gegenüber von meinem Arbeitszimmer. Meistens bringe ich Olga ihr
5 Fressen und setze mich dann an meinen Schreibtisch. Am Mittag mache ich mit ihr einen kleinen Spaziergang. Wir gehen zusammen ins Einkaufszentrum. Dort binde ich sie bei den Fahrrädern an. „Sei brav", sage ich
10 zu ihr und Olga wackelt mit den Ohren. Sie hat die schönsten Ohren der Welt. Wenn ich eingekauft habe, was ich brauche, binde ich Olga los, und wir gehen zusammen nach Hause. Ich brauche nicht viel. Trotzdem nehme ich einen
15 kleinen Karren mit. Die meisten Einkäufe sind für Olga. Ich kaufe ihr Heu und ziehe es auf dem Karren nach Hause. Dann geht Olga in ihren Stall und ich in mein Arbeitszimmer. Aber vorher lege ich Olga ihr Heu in den Stall und Olga wackelt
20 mit den Ohren. Wenn ich an meinem Computer sitze, blickt sie zu ihrem Stallfenster hinaus und sieht mir bei der Arbeit zu. Mein Arbeitszimmer liegt im zweiten Stock. Wenn ich in die Küche hinunterwill, um mir einen Kaffee zu machen,
25 muss ich ins Erdgeschoss. Ich setze mich dann auf Olgas Hals und sause in die Küche hinunter. Das geht gut, denn Olga ist eine Giraffe und ihr Stall ist das Treppenhaus. Und wisst ihr, was Olga macht, wenn ich auf ihrem Hals hinuntersause?
30 Richtig! Woher wisst ihr das?
Habt ihr auch eine Giraffe zu Hause?

Franz Hohler

15

1 Olga wackelt viermal mit den Ohren. Warum? Was macht ihr Besitzer? Ergänze die Sätze.

1. Er _____ in den Stall.
2. Er _____ „Sei brav" zu ihr.
3. Er _____ Olga Heu in den Stall.
4. Er _____ _____ auf ihrem Hals.

2 For many occasions there are traditional children's rhymes. Listen and complete the rhymes.

komm mal her, ich sag dir was: – wenn sie aber keine macht, – ich will auch immer artig sein. – sieh mich nicht so böse an, – Lustig ist die Fastnacht, – Laufe nicht an mir vorbei,

Lieber, guter Weihnachtsmann,

_____

stecke deine Rute ein,

_____

_____

wenn meine Mutter Küchlein macht,

_____

pfeif ich auf die Fastnacht.

Osterhäschen, Osterhas,

_____

_____

schenk mir doch ein buntes Ei!

neunundachtzig 89

3 Ferienpläne

a Ergänze die Präpositionen und die Artikel, falls notwendig.

Bald dürft ihr _____ Urlaub fahren. Wohin fahrt ihr?

Ich fliege _____ Argentinien zu meinen Großeltern.

Und du? Fährst du wieder _____ _____ Süden?

Und ich fahre _____ _____ Berge, _____ Österreich.

Klar, _____ Meer, aber ich suche noch ein Kinderhotel.

b Wer sind die fünf Schüler im Comic? Schau in den Einheiten 2 und 8 im Arbeitsbuch nach.

4 Sieben Fragen an Frau Majek. In jeder Antwort ist etwas falsch. Was? Hör zu und markiere.

Die meisten Gäste …
1. … sind: Familien – Gruppen – Ehepaare – Schulklassen – Einzeltouristen
2. … kommen aus: England – den USA – Spanien – Deutschland – Australien
3. … kommen mit: dem Auto – dem Mofa – dem Flugzeug – dem Fahrrad – dem Zug
4. … bleiben: einen Monat – zwei Wochen – eine Woche – zwei Tage – drei Tage
5. … reservieren: Wohnungen – Einzelzimmer – Doppelzimmer – 3er-Zimmer
6. … machen/besuchen: Ausflüge – Ausstellungen – Sport – nichts – Wanderungen
7. … spielen: Volleyball – Badminton – Basketball – Tischtennis – Fußball

15

5 Was darfst du? Was musst du? Was darfst du nicht? Schreibe etwas von dir.

aufräumen
früh aufstehen
Hausaufgaben machen
kochen
laut Musik hören
auf Partys gehen
anziehen, was ich will

spät ins Bett
ausschlafen, so lange ich will
so lange fernsehen, wie ich will
babysitten
so lange lesen, wie ich will
allein zurückkommen
sich mit Freunden treffen

Ich darf ☺ _____

Ich muss 😐 _____

Ich darf nicht ☹ _____

6 Fill in the blanks with the accusative form of the reflexive or personal pronoun.

Handy-Manie

Wir langweilen u_____ :   Wer ruft u_____ an?

Sie langweilt s_____ :   Ruf s_____ mal an.

Er langweilt s_____ :   Er ruft m_____ an.

Du langweilst d_____ :   Ich ruf d_____ an.

Ihr langweilt e_____ :   Ruft u_____ doch an.

Ich langweile m_____   Wo ist denn mein Handy???

einundneunzig 91

TESTTRAINING 11–15

Hier kannst du dich selbst testen.

1. Mache zuerst alle Aufgaben.
2. Kontrolliere dann die Lösungen auf S. 95.
3. Markiere zum Schluss dein Ergebnis in der Tabelle auf S. 96.

HÖREN

1 Termine – Höre zu. Welcher Dialog (a–d) passt zu welchem Kalenderblatt? Notiere.

12. 4.   18. 6.   3. 5.   24. 2.

2 Wo sind der Computerraum, die Direktion und das Lehrerzimmer? Höre zu und ergänze.

2. Stock	Cafeteria		Bibliothek
1. Stock		Biologieraum	Musikzimmer
Erdgeschoss	Hausmeister	Sekretariat	

WORTSCHATZ UND GRAMMATIK

3 In der Schule – Schaue das Bild von Aufgabe 2 an und ergänze den Dialog.

● E_____g, ich s_____ d_____ Cafeteria.

○ Sie ist _____ _____ Stock, n_____ d_____ Lehrerzimmer.

4 Was wünschst du in solchen Situationen? Ergänze die Wünsche.

1. Dein Freund hat Geburtstag.   _____ Glückwunsch _____ Geburtstag!
2. Deine Freundin hat einen Test.   Viel _____!
3. Es ist der 25. Dezember.   Frohe _____!
4. Deine Freunde fahren in die Ferien. _____ Reise!
5. Die Kinder suchen versteckte Eier. _____ Ostern!
6. Das sagt man vor dem Essen.   Guten _____!

5 Ergänze die Modalverben.

1. Er k_____ prima Gitarre spielen. Er spielt schon seit drei Jahren.
2. Ich k_____ nicht ins Schwimmbad. Ich m_____ noch lernen.
3. Peter hat Geburtstag: Er d_____ alle seine Freunde einladen.
4. D_____ wir in den Ferien nach Wien? – Ja, in der zweiten Woche.
5. Es ist schon 22 Uhr! Ihr d_____ jetzt nicht mehr fernsehen! Ihr m_____ schlafen!
6. M_____ Sie auch mitkommen? – Nein, danke, ich habe keine Zeit!

6 *Haben* und *sein* im Präteritum – Ergänze den Dialog mit den passenden Verbformen.

● Hallo, Bea, wo _____ du gestern?
○ Ich _____ krank.
● Was _____ du?
○ Ich _____ Fieber … Du, wie _____ eigentlich die Party?
● Die Musik _____ nicht super …
○ Und das Essen?
● Das _____ toll! Pizza, Pommes, Torten, Schokoladencreme …
○ Hmm … Schade!

LESEN

7 Nonja, das Naturtalent – Lies den Text und die Aussagen. Kreuze an: richtig oder falsch?

Im Wiener Zoo in Schönbrunn lebt ein Orang-Utan-Weibchen: Nonja. Sie ist 1976 geboren. Nonja kann malen. Die Malstunden finden ein- oder zweimal pro Woche am frühen Morgen statt, ihr Pfleger-Lehrer ist auch immer dabei.
Nonjas neunzig Kilo schwerer Partner Vladimir kann nicht malen, er mag aber Bleistifte sehr und frisst sie. Nonja arbeitet mit Bleistiften, Buntstiften, Kreide und Pinseln. Sie malt auf festes Papier oder aufgespannte, weiße Leinwand.
Bilderpreise: Das glaubst du nicht! Die Preise für ein Originalbild von Nonja liegen zwischen 250 und 2000 Euro! Zwei ihrer schönsten Bilder wurden 1996 in einem Hotel in Los Angeles versteigert.

1. [r] [f] Nonja lebt in Österreich.
2. [r] [f] Sie hat keinen Kunstlehrer.
3. [r] [f] Ihr Freund Vladimir ist kein Maler.
4. [r] [f] Nonja steht früh auf.
5. [r] [f] Die Malstunden sind immer am Nachmittag.
6. [r] [f] Nonja braucht keinen Kuli.
7. [r] [f] Nonjas Bilder kann man nicht kaufen.

DAS KANN ICH SCHON – LÖSUNGEN

Kontrolliere die Lösungen und zeichne die Ergebnisse – ☺, 😐 oder ☹ – in die Tabelle auf S. 96 ein.

Einheit 1
1 1. Wie   2. Was   3. Wer

2 ● Hallo, Erika!
   ○ Guten Tag, Frau Raab, wie geht's?
   ● Danke, gut, und dir?
   ○ Danke, auch gut.
   ● Auf Wiedersehen, Frau Raab!
   ○ Tschüs, Erika.

Einheit 2
1 1. Wo   2. Woher   3. Wie

2 ich bin   ich wohne   ich habe   ich kann
   du bist   du wohnst   du hast   du kannst
   er/es/sie ist   er/es/sie wohnt   er/es/sie hat   er/es/sie kann

Einheit 3
1 1. Wo wohnt   2. Wohnt Maria

2 der Elefant   ein Fernseher   kein Fußball
   das Haus   ein Bild   kein Geld
   die Gesamtschule   eine Brille   keine Information

Einheit 4
1 1. halb fünf   2. Viertel vor vier   3. zehn vor elf

2 vier – zwölf – achtzehn – zwanzig – dreißig – fünfunddreißig – siebenundsechzig – (ein)hundert

3 ich spiele   ich bin   ich habe   ich kann
   du spielst   du bist   du hast   du kannst
   er/es/sie spielt er/es/sie ist   er/es/sie hat   er/es/sie kann
   wir spielen   wir sind   wir haben   wir können
   ihr spielt   ihr seid   ihr habt   ihr könnt
   sie/Sie spielen   sie/Sie sind   sie/Sie haben   sie/Sie können

Einheit 6
1 2. ein – ein   3. keine   4. keinen – ein

2 2. deinen – meinen – mein   3. ihren   4. seinen – ihre

Einheit 7
1 2. Holt ihr mich um 14 Uhr ab?
   3. Stehst du am Wochenende früh auf?
   4. Kommst du am Mittwoch mit ins Schwimmbad?

2 2. Ich mag keine Pizza und ich kann nicht kochen.
   3. Ich habe keinen Hund und keine Fische.
   4. Er muss nicht früh aufstehen.

Einheit 8
1 1. gut – besser   2. gern – lieber   3. gern – lieber

2 2. Am Sonntagmorgen gehe ich ins Schwimmbad.
   3. Wir spielen heute Fußball.
   4. Meine Freunde treffe ich am Wochenende.

Einheit 9
1 1. Sprechen Sie   2. Sprich   3. Hör   4. Lesen Sie
   5. Gib   6. Geh/Komm

2 Hermann ist ihr Mann. Ute ist ihre Tochter. Lutz ist sein Sohn. Michael und Ute sind seine Geschwister.

Einheit 11
1 Ein Jahr hat vier Jahreszeiten: Winter, Frühling, Sommer, Herbst – und zwölf Monate: Januar, Februar, März, April, Mai, Juni, Juli, August, September, Oktober, November, Dezember.

2 2. Monika hat am sechsundzwanzigsten März Geburtstag.
   3. Georg hat am ersten September Geburtstag.
   4. Inge hat am einunddreißigsten Mai Geburtstag.

3 im: Winter, Juli, Dezember – am: Morgen, Wochenende, Donnerstagmorgen – um: zwei Uhr

Einheit 12
1
Klassenzimmer der 6b	Toilette	Hausmeister
Bioraum		Sekretariat
Computerraum		
Musikraum		Direktion

2 ● Entschuldigung, wo ist das Sekretariat?
   ○ Das ist hier rechts, neben der Direktion und vor dem Hausmeister.
   ▲ Entschuldigung, ich suche den Computerraum.
   ○ Der ist links, neben dem Musikraum.
   ▲ Danke.

Einheit 13
1 1. Wo kann ich den Ausweis   2. Was / Wie viel kostet die   3. Wie viele Betten haben die Zimmer   4. Wann gibt es   5. Kann man ... spielen

2 1. Ich nehme/möchte eine Cola.   2. Wir möchten ein Käsebrot.   3. Nein, danke.

Einheit 14
1 Beispiele: 1. Peters Vater ist 50 Jahre alt. Er ist Mathematiklehrer an einem Gymnasium. Sein Hobby ist Lesen.   2. Anna ist 30 Jahre alt und kommt aus Berlin. Sie ist Polizistin und hat zwei Kinder.   3. Herr Brügger ist Bäcker. Er arbeitet von 3 Uhr bis 10 Uhr. In seiner Freizeit fährt er Rad.

2 Beispiele: Ich gehe ins Bad. Ich dusche (mich). Ich frühstücke. Ich trinke Kaffee/… . Ich gehe um halb acht zum Bus. Ich höre abends Musik. Von 4 bis 6 spiele ich Fußball.

TESTTRAINING – LÖSUNGEN

Testtraining 1–5

Markiere die richtigen Lösungen mit einer Farbe.
Wie viele sind es?
62–47 = ☺   46–31 = 😐   30–0 = ☹
Zeichne das Ergebnis in die Tabelle auf S. 96 ein.

1   22.20 – 19.30 – 6.15 – 17.45

2

3   G<u>r</u>iechenland – D<u>eu</u>tschland – Schw<u>ei</u>z – Türk<u>ei</u> –
    <u>Ö</u>sterreich – Schw<u>e</u>den – P<u>o</u>len – Fr<u>a</u>nkreich

4   1, 12, 21, 10 bis 45 ist schon da, 17 bis 60 ist schon da,
    71, 35, 85 bis 91 ist schon da, 18, 11, 41 bis 32 ist
    schon da, 27, 13, 52 ,1 – Du siehst ein Krokodil:
    1 Punkt

5   1b – 3c – 4a

6   Montag – Dienstag – Mittwoch – Donnerstag – Freitag –
    Samstag – Sonntag

7   1. Wie   2. Wo   3. Woher   4. Wer   5. Wie   6. Was

8   wir/sie/Sie können – du bist – er/es/sie/ihr wohnt –
    wir/sie/Sie schwimmen – ich spiele – du kommst –
    du/er/es/sie/ihr heißt – ich/er/es/sie mag – du magst –
    ich bin – er/es/sie ist – ich habe

9   Nurja <u>wohnt</u> in München. Sie <u>ist</u> zwölf … Ihre Familie
    kommt <u>aus</u> der Türkei. Sie <u>kann</u> Deutsch … Sie <u>hat</u>
    zwei Hobbys … Sie kann auch <u>kochen</u> … Sie mag <u>Tiere</u>,
    ihre Katze heißt Mitzi und ist <u>sieben</u> Jahre alt.

10 ● Hallo, wie heißt du?
    ○ Petra, und du?
    ● Rudolf, und wer ist das?
    ○ Biene.
    ● Wie bitte?
    ○ Ja, Biene. Sie heißt richtig Sabine.
    ● Aha, magst du Rap?
    ○ Ja, und Hip-Hop und Klassik, und du?
    ● Ich höre nur Rap!

Testtraining 6–10

Markiere die richtigen Lösungen mit einer Farbe.
Wie viele sind es?
56–43 = ☺   42–28 = 😐   27–0 = ☹
Zeichne das Ergebnis in die Tabelle auf S. 96 ein.

1   Klaus, Bora, 13 (Jahre), grau
    Maria, 5 Kanarienvögel, X, X, gelb/grün/blau
    Urs, Katze, X, 10 (Jahre), schwarz
    Pascal, 2 Fische, X, 1 (Jahr), rot

2   ● Hallo, Susy.
    ○ Tag, Markus.
    ● Kommst du mit schwimmen?
    ○ Wann?
    ● Am Samstag.
    ○ Um wie viel Uhr?
    ● Um 16 Uhr.
    ○ Da kann ich nicht. Da habe ich Gitarrenunterricht.
    ● Und um 13 Uhr?
    ○ Ja, das geht.
    ● Ich hole dich um eins ab.
    ○ Prima.

3   1. Kommst du mit?   2. Kommt ihr mit?   3. Rufst du
    ihn an?   4. Stehst du auch früh auf?   5. Erklären Sie es
    bitte!   6. Tom und Tina, spielt bitte den Dialog vor!

4   1. besser   2. gern   3. immer   4. Lehrer   5. ist
    6. schreib auf

5   … <u>Mein</u> Hund heißt Foxi. Ich kaufe immer <u>sein</u>
    Hundefutter … <u>Meine</u> Katze mag <u>meinen</u> Fisch sehr.
    <u>Mein</u> Hund mag <u>meine</u> Katze „Garfield" nicht.

6   2. lernt keine Wörter.   3. mag seine Deutschlehrerin
    nicht.   4. hört keine deutsche Musik.   5. spricht nicht
    gern Deutsch.   6. kann nicht surfen.

7   1. suche   2. hört – liest   3. lernen   4. sucht – ist

Testtraining 11–15

Markiere die richtigen Lösungen mit einer Farbe.
Wie viele sind es?
40–31 = ☺   30–20 = 😐   19–0 = ☹
Zeichne das Ergebnis in die Tabelle auf S. 96 ein.

1   12.4./Dialog b – 18.6./Dialog c – 3.5./Dialog d –
    24.2./Dialog a

2   2. Stock: Lehrerzimmer – 1. Stock: Computerraum –
    Erdgeschoss: Direktion

3   ● <u>Entschuldigung</u>, ich <u>suche</u> <u>die</u> Cafeteria.
    ○ Sie ist <u>im</u> <u>zweiten</u> Stock, <u>neben</u> <u>dem</u> Lehrerzimmer.

4   1. <u>Herzlichen</u> Glückwunsch <u>zum</u> Geburtstag!
    2. Viel <u>Glück</u> (Erfolg)!   3. Frohe <u>Weihnachten</u>!
    4. <u>Gute</u> Reise!   5. <u>Frohe</u> Ostern!   6. Guten <u>Appetit</u>!

5   1. kann   2. kann – muss   3. darf   4. Dürfen
    5. dürft – müsst   6. Möchten

6   ● Hallo, Bea, wo <u>warst</u> du gestern?
    ○ Ich <u>war</u> krank.
    ● Was <u>hattest</u> du?
    ○ Ich <u>hatte</u> Fieber … Du, wie <u>war</u> eigentlich die Party?
    ● Die Musik <u>war</u> nicht super …
    ○ Und das Essen?
    ● Das <u>war</u> toll! …

7   Richtig: 1, 3, 4, 6

✗ DAS KANN ICH SCHON   T TESTTRAINING
AUSWERTUNG

Das sind meine Ergebnisse:

☺														
☻														
☹														
Einheit	1	2	3	4	1–5	6	7	8	9	6–10	11	12	13	14	11–15

Mein Kommentar zu den Ergebnissen:

_____
_____
_____

Quellen

S. 4   Mariotta (2)
S. 5   o.: 1 VW-Archiv, 2 Rohrmann, 3 Scherling, 5 Sturm
       M.: 1–3 © Polyglott Verlag, 4 Keller, 5 Rohrmann
S. 8   a © Greenpeace/Dave Adair
       b Zoo Zürich
       c Mariotta
S. 11 Mariotta
S. 12 Lanz (2)
S. 13 © Polyglott Verlag GmbH, München
S. 15 Daly
S. 18 Rohrmann (5)
S. 19 Sturm
S. 24 Mariotta (6)
S. 29 Mariotta
S. 32 Kraft Foods Schweiz Holding AG
S. 33 b White Star
       c Okapia
S. 38 Mariotta (4)
S. 43 Mariotta
S. 46 Keller (3)
S. 47 Keller (2)
S. 50 a/e Keller, b–d Lanz
S. 52 1 Galli, 2 Mariotta, 3 Mauro, 4 Muadianvita
S. 54 Mariotta (2)
S. 58 Gedichte aus: Josef Guggenmos: Was denkt die Maus am Donnerstag? 1998 Beltz Verlag, Weinheim und Basel, Programm Beltz & Gelberg, Weinheim
S. 60 o.: Keller (5)
       u.: Sturm
S. 64 Keller
S. 67 Loglio (2)
S. 68 l.: Loglio, r.: Daly
S. 71 Mariotta (4)
S. 76 v. o. n. u.: E Funk, W Scherling, I © Polyglott Verlag GmbH, München, O White Star, C/Z Keller, E IFA, W Daly, H Sulzer
S. 77 © Amt für Volkswirtschaft, Vaduz
       r.: IFA
S. 78 Keller (3)
S. 79 Karte: © Schweizer Jugendherbergen
       Foto: IFA
S. 80 Rief
S. 83 Mariotta (3)
S. 86 Daly
S. 89 o.: Loglio
       M.: Daly
       u.: Scherling
S. 90 Comic: von Allmen
       Fotos: Keller (2)
S. 93 Kirchner

96 sechsundneunzig